LOUISE PARDE

MON ARGENT ET MA BANQUE : LES CLÉS POUR MIEUX COMPRENDRE

Solutions
VIGOT

Sommaire

POUR COMMENCER

Monsieur a une maîtresse. Madame est une menteuse.

Une légende qui circule parmi nous veut qu'un banquier ait eu un jour un gros problème après s'être absenté quelques instants de son bureau dans lequel il avait laissé sa cliente. Celle-ci, faisant manifestement preuve de plus de curiosité qu'à son habitude, eut la bonne idée de jeter un œil sur l'écran resté allumé et le déplaisir d'y lire le commentaire suivant : « Monsieur a une maîtresse. Madame est une menteuse. »
Le fait que les deux remarques soient vraies n'a pas apaisé ladite « Madame » qui a découvert en même temps que le pot aux roses qu'un banquier sait, ou peut savoir, tout de votre vie. Manifestement, d'ailleurs, parfois même mieux que vous. Votre relevé bancaire suit et détaille ce que vous achetez : combien, où et quand.
Je ne voudrais pas plomber l'ambiance, mais lorsqu'une personne disparaît, ou meurt dans des circonstances inhabituelles (potentiellement non accidentelles), les banquiers font partie des premières personnes à être interrogées. Pas parce qu'on les soupçonne, mais parce qu'ils peuvent fournir de précieux indices sur les jours qui ont précédé l'événement tragique. Pour peu qu'elle demande gentiment – un genou à terre – la police peut avoir accès à l'historique des comptes de la victime, comme des suspects. Si vous avez l'intention d'assassiner votre belle-mère, n'allez pas payer en carte bleue un stock de cyanure dans une boutique judicieusement nommée *Poisons & Cie*. Faites-le en liquide ! Je dis ça comme ça, qui pourrait bien vouloir... Oui, enfin, bref, tout ça pour vous dire que s'il y a

bien une personne qui peut savoir ce que vous faites, et à quel moment, c'est votre banquier.

Avant de céder à la paranoïa, sachez que le banquier le peut, mais le fait rarement. Quand j'ai rejoint les rangs d'une banque prestigieuse dont, pur hasard, tous mes proches étaient clients, leur plus grande préoccupation était que je pouvais consulter leurs comptes. Ils ne m'accusaient jamais directement de le faire, mais le sujet revenait régulièrement sur la table, comme ça, l'air de rien... En dépit de mes dénégations, je pense que le doute subsiste encore aujourd'hui dans leur esprit à moitié soulagé par mon éthique professionnelle, et à moitié vexé que je ne m'intéresse pas plus que ça à leur vie.

Un banquier est en charge de tellement de comptes qu'en général, et tant que vous ne dilapidez pas brusquement vos économies ou n'outrepassez votre découvert, il se contrefiche du vôtre. Il concentre ses efforts sur ceux de ses clients qui ont un problème ou qui viennent lui rendre visite, histoire d'être un peu au courant du sujet.

Ce qui m'amène d'ailleurs à un sujet qui semble préoccuper beaucoup de gens, celui de la tenue la plus appropriée pour aller voir son banquier. La plupart des clients optent pour une tenue qui fait « sérieux » sur la base que la teneur de l'entretien et votre interlocuteur le sont. D'un point de vue sociologique, ce mimétisme est intéressant : personne ne songe à mettre une blouse blanche pour aller à l'hôpital. Ne voulant laisser personne insatisfait, je tiens néanmoins à répondre à cette question de la plus haute importance. Techniquement, la meilleure tenue est celle dans laquelle vous vous sentez le mieux pour vous asseoir sur une chaise et parler, et qui respecte les limites imposées par l'article 222-32 du Code Pénal (faisant référence à l'outrage à la pudeur).

Endosser un costume comme un acteur enfilerait le sien avant d'interpréter son plus beau rôle ne sert à rien. Le banquier sait au centime près combien vous gagnez et combien vous dépensez. Inutile d'essayer de le berner. De fait, vous pointer avec le dernier manteau en fourrure d'une grande marque de luxe alors que vous êtes à découvert dans l'espoir de le rassurer sur vos véritables (mais bien dissimulées) capacités financières n'est pas très futé. Au mieux, le banquier notera que votre sens des priorités est déplorable ; au pire, que vous vous adonnez à l'évasion fiscale. Autant vous dire que cela ne jouera pas en votre faveur. Note au passage : si vous êtes à découvert, n'achetez pas ce manteau.

Puis-je vous rappeler par ailleurs que vous ne venez pas pour parler chiffon, mais argent, du vôtre qui plus est ? Vous avez souvent tendance à l'oublier, mais votre banquier est votre partenaire. Quand vous le rencontrez, c'est pour parler sincèrement de vous et de vos besoins financiers – pour tout autre type de besoin, veuillez vous adresser au service compétent. C'est avec lui que vous discuterez de l'opportunité et de la meilleure façon d'épargner. Avez-vous besoin d'un PEL ou d'un livret A ? C'est avec lui aussi que vous négocierez le crédit qui vous permettra d'acquérir la maison de vos rêves avant d'avoir économisé tout l'argent demandé par le vendeur. Plutôt que de perdre du temps à choisir votre plus jolie robe ou votre costume le plus chic, prenez celui de vous familiariser avec son jargon.
Cela vous permettra de traiter avec lui sur un pied d'égalité et vous aidera à prendre les décisions les plus judicieuses. Quant au véritable sujet de ce chapitre, sachez que Madame a divorcé parce que Monsieur a gardé sa maîtresse. Et que nous ne colportons plus ces rumeurs que par oral.

MOYENS DE PAIEMENT

Drame à la cafét' : on m'a refilé une fausse pièce !

Le verdict de la machine à café est cruel et vous a heurté de plein fouet au moment où vous vous y attendiez le moins, obnubilé que vous étiez par l'idée de vous procurer votre dose de café(ine) matinale avant de traîner vos guêtres jusqu'à votre bureau. Il vous faut pourtant voir la réalité en face et, petit à petit, dans vos méninges embrumées, se matérialise l'évidence. Avec un aplomb qui frise la sournoiserie et qui pourrait presque révéler un soupçon de méchanceté, elle vous crache votre pièce de 1 euro à la figure (enfin presque, elle la laisse glisser dans le réceptacle prévu à cet effet). Dans un premier temps, vous êtes ahuri. Et dans un geste totalement vain – ne niez pas, nous le faisons tous –, vous remettez votre pièce dans la fente.
Bien évidemment, ça ne fonctionne pas mieux. Elle ne s'est pas fait avoir une fois, pourquoi voulez-vous qu'elle change d'avis ?
Parce que la vérité (est ailleurs, oui, on sait), vous finissez par la comprendre : vous vous êtes fait piéger. On vous a refilé une fausse pièce et comme vous n'êtes pas doté d'un « valideur de pièces » (le truc dont sont équipées les machines pour savoir combien vous avez mis dedans), vous l'avez acceptée sans moufter.
Que faire ? Pour le café, vous pouvez oublier. On ne peut pas forcer une machine. J'invite ceux qui ne me croient pas à visionner *L'Odyssée de l'espace*. Cela ne signifie pas que votre situation est désespérée.
Astuce n° 1 : vous prétendez avoir oublié votre monnaie et vous faites offrir un café par le premier pigeon qui passe. Vous pouvez même pousser

le vice jusqu'à lui promettre de le lui rembourser dès que vous serez revenu à votre bureau et lui refiler ni vu ni connu votre pacotille (poussez le stratagème jusqu'au bout : vous récupérez la monnaie).

Astuce n° 2 : il n'y a pas d'astuce n° 2. Vous pouvez pester contre les faux-monnayeurs, c'est tout.

Inutile de vous pointer à la Banque de France (ou dans aucune autre Banque d'un pays de la zone euro) pour espérer être dédommagé. Vous vous pointeriez dans un commissariat avec un couteau plein de sang ? Idéalement, vous devriez y aller pour leur remettre l'objet du délit (que ce soit une pièce, un billet ou un couteau) comme tout bon citoyen qui se respecte, et je compte sur vous pour les aider dans leur lutte contre le banditisme financier. J'en profite pour vous recommander chaudement de jeter un œil à leur documentation sur leur site Internet (www.banque-france.fr). Cela vous aidera à ne pas vous faire avoir une autre fois, même si nous savons vous et moi que cela arrivera. Il faut dire que peu d'entre nous observent réellement les pièces qu'ils utilisent et que c'est précisément sur ce manque d'attention que parient les faux-monnayeurs. À moins de vraiment examiner vos pièces, de prendre le temps de les peser (les plus lourdes étant généralement les vraies), et de supporter sans sourciller la queue des clients qui attendent que vous ayez terminé votre petit manège pour acheter leur baguette, il n'est pas forcément évident-évident de faire la distinction (surtout si on n'a que des fausses pièces...).

Ceci dit, certaines contrefaçons sont quand même très grossières. Pour l'anecdote, dites-vous que cela nous arrive à tous : mon père est un homme très intelligent (vraiment très intelligent), mais il a parfois des bugs. Il n'y a pas si longtemps, il m'a montré une pièce qu'il avait récupérée je ne sais où sur le ton du « j'en ai trouvé une très rare ». Mon cher petit Papa, si tu me lis, sache que les pièces de 1 euro sont dorées autour et argentées au centre, et non pas dorées autour et... vertes (???) au centre. Mais sache aussi que je t'aime très fort.

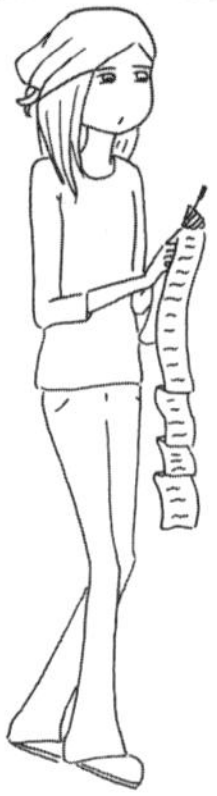

Mon chèque est-il bon ? (Cette question, c'est pour faire plaisir à ma grand-mère...)

Dans le « Top Ten » des questions que l'on pose à quelqu'un qui travaille dans une banque (ou tout ce qui porte le même nom qu'une banque), deux reviennent avec une récurrence insolente :

1. Comment supporte-t-il d'être un « vendu » ?
2. Mon chèque est-il bon ?

Je ne m'étendrai pas sur le fait que ces questions n'ont aucun rapport l'une avec l'autre, ni ne m'abaisserai à répondre à la première. Je passerai donc directement à la seconde.

Comme tous mes confrères et consœurs, j'y ai eu droit avec ma grand-mère qui me demande régulièrement si son chèque est bon, alors que, soit dit en passant, je n'ai jamais travaillé au guichet d'une banque... Réponse : je n'en sais rien. Mamie, si la banque te le renvoie, c'est qu'il n'était pas bon ; si la banque l'encaisse, c'est qu'il était bon, ou qu'elle n'a pas vérifié. Sauf que ma grand-mère est capable de me poser la même question quinze fois d'affilée sur dix jours (soit 1,5 fois par jour) et que c'est usant, donc j'ai fini par descendre dans l'agence pour me renseigner.

Partant du principe que vous faites un chèque à partir d'un chèque... soit un de ces petits morceaux de papier que vous pouvez détacher d'un carnet qui vous a été généreusement fourni par votre banque (le chéquier), la plupart des mentions obligatoires sont déjà indiquées :

- Le fait que c'est un chèque (et pas autre chose comme une liste de courses) ;

- Le nom de la banque (si votre banquier est BNP Paribas, c'est écrit dessus « BNP Paribas », et pas « Société Générale », vous pouvez vérifier) ;
- L'endroit où il est payable (là où le bénéficiaire du chèque devra l'envoyer pour être payé, en gros, l'adresse de votre agence et le numéro de votre compte même si techniquement le chèque part au centre de tri général et pas **vraiment** dans l'agence).

Si d'aventure vous n'aviez plus de chéquier sous la main, vous avez théoriquement le droit de le faire sur un bout de papier à condition d'écrire toutes ces informations vous-même. Si votre banquier est très sympa (mais vraiment très, très sympa), il pourra accepter cette façon de procéder, mais il le fera rarement gratuitement parce que ça l'embête franchement (votre feuille A4 ne passe pas dans la machine), pour ne pas dire autre chose.

Ensuite, quel que soit le support choisi, vous devez le personnaliser un peu, et c'est là que vous pouvez éventuellement faire des erreurs (et rendre votre chèque non valable).

Pensez donc à indiquer :

- Le montant que vous voulez/devez payer en chiffres ;
- Le montant en lettres. Si ce montant est différent de celui indiqué en chiffres, c'est celui-là qui sera retenu. Cela paraît un peu étrange car il est plus facile de se tromper quand on l'écrit en toutes lettres (en tout cas de faire des fautes d'orthographe...). Je suppose, mais ce n'est que pure spéculation de ma part, qu'ils ont dû penser qu'il était plus facile de falsifier des chiffres que des lettres ;
- La date du jour, en lettres ou en chiffres ou un mélange des deux, à votre convenance (« 21/08/2015 », « 21 août 2015 », ou même, si vous avez du temps à perdre, « vingt et un août deux mille quinze »). Comme les chèques ont une durée de vie limitée, vous n'avez pas le droit de l'antidater (par exemple de mettre « 21 novembre 2014 » alors qu'en fait vous êtes le 21 novembre 2015). Techniquement, vous pouvez faire le contraire, c'est-à-dire le postdater (écrire « 21 novembre 2017 » alors qu'en fait vous n'êtes qu'en 2015), mais sachez que ça n'empêchera pas son bénéficiaire de l'encaisser, et vous de payer dès qu'il l'aura déposé à sa banque ;
- Le lieu : là, vous pouvez mettre ce que vous voulez, mais s'il y a litige à propos de ce chèque, c'est le tribunal de l'endroit indiqué qui sera saisi, donc choisissez bien et, tant qu'à faire, écrivez le lieu où vous êtes vraiment ;

• Le nom du bénéficiaire : celui qui va recevoir l'argent ;
• Et vous signez de votre plus belle plume.

C'est bon Mamie ? Tout comme ton chèque... que tu as toujours fait correctement en remplissant toutes les petites cases que tu y voyais.

Pour la petite histoire, notez que les chèques peuvent être :

- **« Bons » :** vous avez vraiment voulu faire ce chèque et la personne qui en bénéficie va le déposer à sa banque pour se faire payer. Rien de plus banal en ce bas monde.
- **« En bois » :** vous n'avez plus d'argent sur votre compte (ou pire, vous avez dépassé votre découvert).
- **« En blanc » :** vous avez tout indiqué sauf le montant et/ou le bénéficiaire. Vous êtes inconscient. Si vous perdez votre chèque, n'importe quelle personne mal intentionnée pourra le récupérer et y écrire ce qu'elle veut avant de s'enfuir à l'autre bout du monde. En général, compte tenu du peu d'éthique des personnes dites « mal intentionnées », on peut supposer qu'elles y inscriront un montant largement supérieur à ce que vous auriez été prêt à leur offrir si elles vous l'avaient demandé.

Pour briller dans les dîners :

Selon la Fédération Bancaire Française, la durée de validité des chèques dépend de leur lieu d'émission. Si le chèque vient :

- De France métropolitaine, vous avez 1 an et 8 jours pour le présenter à votre banque ;
- D'un autre pays en Europe, vous avez 1 an et 20 jours ;
- D'ailleurs dans le monde, vous disposez de 1 an et 70 jours.

Alors que ce livre part en impression, l'Assemblée nationale a voté un projet de loi réduisant la partie « 1 an » à « 6 mois ». Quand le Sénat sera lui aussi d'accord sur tout le texte (qui ne parle pas que des chèques), la loi pourra être modifiée.

Entre le moment où vous déposez un chèque et celui où il est enregistré sur votre compte, il se passe normalement un jour ouvré, sachant que dans les banques ces jours-là se terminent aux alentours de 15 heures (à 16 heures lundi, on est mardi).

Si le chèque vient d'une banque à l'étranger, cela peut prendre plusieurs semaines.

Mon chèque est-il super-bon ? (Le chèque de banque)

Un chèque bancaire et un chèque de banque ne sont pas la même chose. Ce sont tous les deux des chèques, oui, et ils ont tous les deux un rapport avec la banque. Mais pas le même.

Le premier, le chèque bancaire, est celui que vous extrayez plus ou moins régulièrement du petit carnet que votre banque vous a confié. Vous le connaissez tellement bien que vous avez fini par ne plus l'appeler que par son petit nom de « chèque » (tout court).

Le second, le chèque de banque, est d'usage beaucoup plus rare. Comme son nom l'indique, c'est aussi un chèque. La différence, c'est qu'il ne vient pas de votre petit carnet à vous. Il vient de celui de la banque. C'est, littéralement, un *chèque de (la) banque*.

En quoi est-ce que cela vous concerne ?

Vous avez dû remarquer que lorsque vous payiez votre boucher par chèque (bancaire) normal, vous n'étiez pas débité immédiatement. Il faut en général quelques jours, le temps que le boucher aille déposer le petit bout de papier à sa banque, qui va l'envoyer à la vôtre, qui va transférer l'argent en échange. Comme vous êtes très responsable, vous vous êtes assuré que votre compte était suffisamment approvisionné avant de faire votre chèque. Si ce n'était pas le cas, vous pourriez avoir de gros soucis (être interdit bancaire, par exemple). Et votre boucher serait furieux de vous avoir laissé filer avec votre steak. Le paiement par chèque (bancaire) normal est basé sur la confiance, et il réaliserait qu'il a eu tort de vous

accorder la sienne. C'est d'ailleurs pour cette raison que de plus en plus de commerçants refusent les chèques. Comme ils ne peuvent pas vérifier sur le moment que vous avez bien l'argent sur votre compte, ils préfèrent ne prendre aucun risque (on ne peut que les comprendre) et exigent que vous les payiez par carte bleue (tant que la machine dit oui, c'est bon pour eux, même si cela ne l'est pas forcément pour vous, mais nous y reviendrons) ou en espèces (on ne peut plus concret).
Il arrive cependant que le paiement par carte bleue ou en espèces soit impossible, voire illégal, surtout quand le montant est très élevé. On ne peut pas acheter une voiture par carte bleue (je dis ça pour un ami qui se reconnaîtra...), ni une maison avec une mallette de billets. Et pourtant, on arrive quand même à acheter des voitures et des maisons. Alors comment fait-on ? Deux possibilités : un virement ou un chèque de banque. Tada ! Nous y voilà. Parce que si le vendeur de voiture n'a pas, *a priori*, confiance en vous (il n'a aucune raison), il a en général un peu plus d'estime pour votre banque, qui a pignon sur rue. Le fait que ce soit elle qui fasse, et signe, le chèque de banque règle ce petit souci de confiance.
Concrètement, vous irez voir votre banquier pour lui dire de combien vous avez besoin ; il vous fera un chèque – que vous ne perdrez pas ! – et qui vous servira de moyen de paiement. Ça a l'air super sympa, dit comme ça, mais en réalité, votre banquier ne prend aucun risque. Contrairement à votre boucher qui découvrait (trop tard) que vous n'aviez pas d'argent pour le payer, votre banquier a un point de vue imprenable sur vos comptes et va faire en sorte de bloquer l'argent correspondant avant de faire le chèque pour vous (traduction : vous allez être débité direct, des fois que...). Tout le monde est content. Vous pouvez acheter votre maison par chèque sans qu'on vous rigole à la figure, et le banquier vous a vendu un service sans trop se mouiller. Car oui, c'est un service payant. Ça ne coûte pas très cher (dans les 10 euros l'unité selon les enseignes), mais c'est payant quand même.
Et puisqu'on en parle, je vais me permettre une petite apostrophe à tous les heureux clients qui ont choisi la formule « forfait » pour leurs produits bancaires. Il n'est pas rare que ce forfait inclue l'émission d'un chèque de banque par an. Je ne sais pas pour vous, mais je n'en ai personnellement jamais eu besoin. Je n'achète pas assez souvent de voitures ou de maisons, et les rares fois où cela m'est arrivé, j'ai opté pour le virement. N'empêche que dans mon forfait, je paie pour un chèque de banque tous les ans. Super utile...

Pour conclure le sujet, un dernier petit avertissement à ceux qui seraient dans la situation du bénéficiaire (celui qui reçoit le chèque). Ne vous laissez pas abuser par l'apparente sûreté du chèque de banque. Tous les moyens de paiement peuvent faire l'objet de fraude, et le chèque de banque ne fait pas exception. Faites-vous confirmer par la banque censée faire celui promis par l'acheteur qu'elle est au courant. N'acceptez jamais un chèque « bizarre » (déchiré, raturé, avec un autre montant, bref, bizarre). Chèque de banque ou pas, si c'est un faux, c'est un faux...

Ma carte bleue jaune et moi

Quiconque a déjà eu l'occasion d'aller faire un tour au Québec est rentré avec quantité d'anecdotes piquantes. Je n'entrerai pas dans le détail des miennes (car elles n'ont pas toutes un rapport évident avec notre sujet), mais je me souviendrai toujours du regard affligé de la caissière d'un supermarché de Montréal qui venait de me demander avec quoi je comptais payer et à qui j'avais répondu, la force de l'habitude aidant, « avec ma carte bleue ». Que je lui tendais, d'ailleurs. Et qui était, indéniablement, jaune.

Pour ceux qui ne seraient pas de notre beau pays[1], sachez que la carte dite « bleue » n'est rien d'autre que le petit nom de notre carte de paiement standard et ce, quelle que soit sa véritable couleur. Et pour ceux qui préféreraient éviter ce petit moment de flottement pendant lequel il est clair qu'on vous prend pour un imbécile, la bonne réponse à la question qui m'était posée était : « avec ma carte de débit »[2]. Étant attendu que j'avais le choix entre Carte de Débit (rattachée au compte courant) et Carte de Crédit (rattachée à un compte séparé qui accueille une « réserve » de crédit qui doit donc être remboursée selon des modalités qui vous seront spécifiées – c'est un crédit...). Les cartes de crédit sont de plus en plus

1. La France, bien évidemment !

2. Contrairement à ce que laisserait croire l'usage courant qui veut que nous parlions de carte de crédit pour désigner nos cartes de débit.

souvent proposées par de grandes enseignes commerciales soucieuses d'offrir à leurs clients tous les moyens pour dépenser chez elles (en plusieurs mensualités s'il le faut). Il ne s'agit alors ni plus ni moins que d'un crédit à la consommation.

Revenons donc à nos cartes « bleues » normales, dites de débit parce que toute opération réalisée avec elles se traduit immanquablement par un débit sur notre compte... Le choix de la couleur est beaucoup plus d'ordre pragmatique qu'esthétique. Elles servent toutes à payer, mais pas forcément autant. Votre banquier et vous décidez conjointement des plafonds de paiement par carte ou de retrait, mais plus votre carte est « classe » (dorée, platine, voire noire, le chic ultime), plus ces plafonds seront élevés. Quand vous atteignez votre plafond, vous ne payez pas moins, vous ne payez plus. Certaines cartes recèlent également des petits trésors.

Il en est qui apparaissent puis disparaissent, comme le porte-monnaie électronique Moneo qui permettait à ceux qui en bénéficiaient d'utiliser leur carte bancaire même chez les commerçants réfractaires au paiement par carte (exemple au hasard, un boulanger), dans la mesure où ceux-ci s'étaient équipés de la petite machine nécessaire. Votre carte porte peut-être encore le logo, mais Moneo a cessé de fonctionner en 2015, faute d'avoir réussi à s'imposer comme véritable solution alternative à la vraie monnaie. Je serais bien en peine de vous dire pourquoi dans la mesure où c'était effectivement une bonne solution à laquelle je n'ai jamais adhéré. Celles et ceux qui auraient encore de l'argent dans leur « porte-monnaie électronique » peuvent voir directement avec leur banquier préféré (celui dont le nom est sur la carte) pour rapatrier leurs fonds sur leur compte.

D'autres pépites plus récentes semblent avoir un potentiel que seul l'avenir pourra confirmer. C'est typiquement le cas du paiement sans contact pour les petites sommes, juste en approchant votre carte de la machine. Ce système qui fluidifie le trafic en caisse ne fonctionne que si la carte et l'appareil sont tous deux ornés du symbole « radar » et que l'un et l'autre ne sont pas distants de plus de 4 cm. Il n'y a donc aucun risque pour que vous payiez sans vous en rendre compte, sauf à ce que ramper sur les terminaux de paiement soit dans vos habitudes. Ce qui est assez bizarre.

D'autres enfin ont gagné leurs galons et ne souffrent que d'un manque de communication que je ne m'explique pas. C'est d'ailleurs pour cette raison que je vous en parle.

Lorsque vous louez une voiture, la majorité des enseignes vous proposent de « racheter la franchise ». Le rachat d'une franchise coûte dans les

15 euros par jour, soit une bonne centaine d'euros pour une semaine, somme qui s'ajoute au prix de la location. Rien ne vous oblige à prendre cette assurance additionnelle : cela ne dépend que de vous et de votre tolérance au risque. Comme en général la question est posée à toute allure au-dessus du comptoir de l'agence, la plupart des gens n'entendent qu'une chose : « rachat franchise = bien, pas rachat franchise = danger », et s'empressent d'accepter le supplément histoire de conduire l'esprit tranquille. Doublement tranquille, même, pour tous ceux qui auront payé avec leur carte « bleue » gold ou mieux (et pas avec un chèque, qui n'a rien à voir avec le schmilblick), vu que cette assurance est déjà comprise dans leur carte. Ils ont déjà racheté toutes les franchises de toutes les voitures qu'ils louent. Alors certes, acheter deux fois la même assurance n'est pas dangereux, mais c'est du gâchis. Je vous invite donc à ce stade à retrouver la petite documentation que la banque vous a envoyée avec votre carte et à y jeter un coup d'œil pour voir ce qu'il en est de votre carte et des services que vous avez achetés avec. Ne comptez pas trop sur le loueur de voitures pour vous les rappeler. Dans le même ordre d'idées, certaines cartes incluent des assurances juridiques qui peuvent vous permettre de payer la caution qui vous sortira de prison – sauf si vous avez fait une grosse bêtise exprès. Et dans un style totalement différent, de plus en plus de cartes « black » proposent à leurs détenteurs un service de conciergerie de luxe. Ça fait rêver...

Bénéficier de plus de services conduit inéluctablement à payer un prix plus élevé. À l'exception de quelques banques qui les « offrent » à leurs clients (en général à ceux avec lesquels elles peuvent se rattraper sur un autre produit), une carte « bleue » est payante. Vous seul pouvez décider si vous préférez avoir une carte de base et acheter vos assurances (de voiture ou de couverture juridique) séparément et au coup par coup, ou si le prix d'une carte bleue améliorée est une bonne affaire. Cette décision est largement fonction de votre style de vie (vous êtes du genre casanier ou voyageur ?), de vos revenus et des tarifs des cartes, eux-mêmes très variables d'une carte à l'autre en fonction de leur couleur et de la marque de la société qui les gère. En France, on nous propose en général spontanément des cartes Visa, acceptées sur l'ensemble de notre réseau de cartes bancaires. American Express en est un autre exemple, mais moins répandu, tous les commerçants n'ayant pas accepté de payer pour la location de leurs terminaux de paiement (que chaque société fait payer, bien sûr). Cela aurait été trop simple que le même système fonctionne pour toutes les cartes.

Pour briller dans les dîners :

La franchise est cette partie des frais que l'assurance ne prendra pas en charge en cas d'accident. Par exemple, la franchise est de 500 euros et vous ne l'avez pas rachetée :

• Hypothèse 1 : Vous cassez la voiture et il y en a pour 5 000 euros de frais : l'assurance paiera 4 500 euros et vous devrez débourser les 500 qui restent (la franchise, donc).

• Hypothèse 2 : Vous abîmez la voiture et il y en a pour 500 euros de frais : vous payez tout, l'assurance de base ne veut pas entendre parler de vous.

Racheter cette franchise, c'est payer une assurance complémentaire pour que ces 500 euros soient aussi pris en charge.

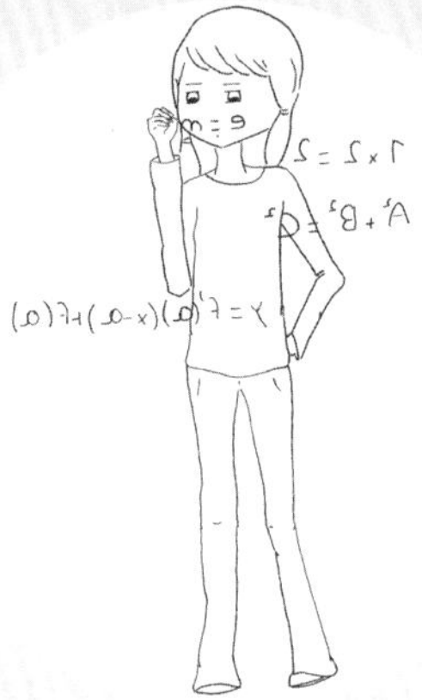

Carte bleue à débit immédiat ou différé ? Rien ne sert de courir, il faut payer à point.

Même si vous avez tendance à l'occulter au moment précis où vous vous en servez, vous n'ignorez pas qu'à chaque fois que vous appuyez sur le bouton vert « valider », votre carte « bleue » de débit va provoquer un débit sur votre compte (de l'argent en moins pour vous à la banque). La question ici n'est pas de savoir de combien (le montant affiché sur le petit écran en face de vous), mais quand.

Vous avez en gros deux possibilités : maintenant ou plus tard. En termes techniques, il s'agit soit de *débit immédiat* (achat maintenant, débit maintenant), soit de *débit différé* (achat maintenant, débit plus tard, usuellement en fin de mois). On ne peut pas faire plus clair.

Celles et ceux qui réaliseraient à ce stade qu'ils sont passés à côté d'un truc potentiellement intéressant, mais ne sont pas absolument certain(e)s de la catégorie de leur carte, peuvent directement demander à leur banquier. Je ne vous cache pas qu'il risque d'être un peu surpris, mais il en a vu d'autres et, après tout, vous êtes le client.

Pour vérifier par vos propres moyens, vous pouvez vous fier à quelques indices très révélateurs, à commencer par ce papier (le contrat…) que votre banque vous a donné et que vous avez négligemment classé dans la pile des « papiers inintéressants » – que vous désignez hypocritement sous le nom de « papiers administratifs » – quand ce n'est pas directement dans la poubelle[3].

---

3. Jaune – merci pour la planète.

Vous pouvez aussi consulter votre relevé de comptes que vous ne pouvez pas avoir jeté puisque vous l'avez reçu il y a moins d'un mois et que vous êtes tenu de le conserver pendant dix ans... même sous forme informatique. La première colonne en partant de la gauche indique la date à laquelle sont comptabilisées les opérations. Si toutes vos opérations par carte sont au 30 (ou au 31, ou au 28, voire au 29 selon le mois et l'année, mais vous voyez l'idée), il y de fortes chances pour que votre carte soit à débit différé. Ou que vous soyez parti dans un ashram pendant un mois. Pour mémoire, la seconde colonne décrit les opérations, dont la date réelle du jour où vous avez joué avec votre carte.

Vous devinez donc normalement l'intérêt d'une carte à débit différé. Puisque la banque ne débitera réellement de votre compte ce que vous avez dépensé avec cette carte (uniquement avec cette carte... et uniquement les dépenses, les retraits aux distributeurs sont immédiats), vous n'avez techniquement pas besoin d'avoir l'argent sur votre compte au moment précis où vous faites vos courses, tant que vous l'avez le 30 (ou le 31, ou...). D'un point de vue purement comptable, c'est vrai. Les cartes à débit différé sont « sans autorisation ». Lorsque vous passez en caisse avec, le terminal de paiement n'envoie aucune demande à la banque pour vérifier que vous avez (aurez ?) bien l'argent, alors qu'il le fait pour la plupart des cartes à débit immédiat[4]. Ce qui explique pourquoi vous passez en général plus vite avec les premières qu'avec les secondes.

De là à dire que vous pouvez faire toutes les folies que vous voulez en priant pour qu'un miracle approvisionne votre compte le jour J (idéalement la veille) ? Pas vraiment. Déjà parce que, comme nous l'avons vu, les montants de dépenses par cartes sont limités (pour des raisons de sécurité) ; ensuite parce que les miracles sont plutôt rares dans ce domaine. Et surtout, parce que nous faisons de plus en plus d'achats en ligne et qu'eux génèrent systématiquement une demande d'autorisation. Pas pour nous débiter maintenant, plutôt histoire de vérifier que l'opération est à peu près dans nos cordes.

L'autorisation dont il est question ici ne concerne que le solde du compte. N'imaginez pas pour autant pouvoir dévaliser les magasins avec

---

4. Certaines cartes à débit immédiat sont « sans autorisation » systématique pour les montants inférieurs à 100 euros.

un morceau de PETg[5] fait en cours d'arts plastiques sous couvert de carte à débit différé. Avec ou sans autorisation, la validité de toute carte est vérifiée. À chaque fois. Il s'agit quand même de s'assurer que vous ne dépassez pas le plafond de dépenses prévu, que la carte n'a pas été signalée comme volée, ou même, tout bêtement, qu'il s'agit bien d'une carte bancaire.

Contrairement à ce que vous pourriez croire, la série de chiffres inscrite dessus n'est pas issue d'un tirage aléatoire, pas plus que ne l'est votre numéro de sécu[6]. Sur les 12 à 16 numéros inscrits (selon la marque de la carte), les 4 à 6 premiers indiquent la banque émettrice et le type de carte, les suivants sont le numéro de la carte, et le dernier (mon préféré) sert de clef de contrôle. Selon un algorithme un peu laborieux, mais pas compliqué du tout, dit de Luhn (du nom du mathématicien qui a trouvé le truc), ce dernier chiffre permet de confirmer que le numéro de la carte est plausible et que vous n'avez pas loupé un chiffre de la série en la retranscrivant. Pour que le numéro passe alors que vous vous êtes planté sur un des 12 (à 16), vous devez aussi vous être trompé sur au moins un autre. Et avoir un bol monstre, même si dans l'absolu cela ne vous servira pas à grand-chose parce que cela ne vous donnera que le droit de passer au contrôle suivant. Alors autant utiliser sa chance à meilleur escient...

5. Polyéthylène téréphtate glycolisé, le matériau dans lequel sont fabriquées les cartes bancaires.

6. Pour celles et ceux pour qui ce serait une révélation : les premiers chiffres de votre numéro sécu indique votre sexe (1 pour les hommes, 2 pour les femmes, 8 pour les « on ne sait pas encore »), votre année, votre mois et votre département de naissance.

Pour briller dans les dîners (et épater ses amis à peu de frais) :

Comment trouver la valeur du dernier chiffre d'une carte bancaire (Visa) ?

Demandez à quelqu'un les numéros de sa carte jusqu'à l'avant-dernier (s'il vous les donne tous, le tour est beaucoup moins impressionnant). Prenez un papier, un crayon, et notez les au fur et à mesure. Imaginons que cela donne quelque chose comme :

1111 1111 1111 111 ? (15 connus, 1 à deviner).

Doublez le 1er chiffre, pas le 2e ; doublez le 3e, pas le 4e ; ... jusqu'au bout. Vous obtenez, avec le numéro totalement fictif :

2121 2121 2121 212 ?

Additionnez les chiffres (2 + 1 + 2 + 1 + 2 + 1 + 2 + 1 + ...). Ici, cela nous donne un total de 23.

Répondez à la devinette (niveau primaire) : combien faudrait-il ajouter à cette somme pour obtenir un total divisible par 10 (et qu'il ne reste rien) ?

Dans notre cas, il nous faut quelque chose qui nous permette d'atteindre 30. Et 30 – 23, ça fait 7.

Le numéro complet de cette carte est donc :

1111 1111 1111 1117.

Petite astuce : si le fait de doubler un des chiffres le fait dépasser 9 (ce qui arrive pour tout chiffre de base à partir de 5), additionnez les digits. Un des chiffres de la carte est 8 et il passe à 16 une fois doublé ? Considérez que c'est un 7 (comme 1 + 6 = 7).

Vous comprenez bien que si je vous donne la formule c'est parce que je ne vais pas me faire pilonner par les forces de l'ordre pour avoir divulgué LE secret qui protégeait vos cartes bancaires. La sécurité dont il est question ici n'est pas la protection contre la fraude, mais contre l'étourderie.

Notez que c'est sur un algorithme du même acabit, mais une autre opération mathématique, que repose le mystère de la clef RIB de votre numéro de compte...

Pourquoi mon boulanger ne veut pas de ma carte ?

Ou la question que nous préférons ne même pas nous poser lorsqu'il nous désigne d'un geste las la petite pancarte au feutre rouge, scotchée sur le dos de la caisse enregistreuse : « CB : min. 10 euros ». Mais quand même, pourquoi ?
Soit c'est parce qu'il trouve très amusant de me voir essayer de ranger dans mon sac les quinze pièces qu'il m'a rendues – avec une seule main, l'autre servant à retenir la baguette – tout en surveillant d'un œil Bout d'Chou n° 1 qui n'a pas encore assimilé le concept du « tu-m-attends-sans-bouger-et-tu-ne-descends-pas-du-trottoir ». Le jour où j'arrive à caser un entrechat en plus, je postule au Cirque du Soleil.
Soit c'est parce qu'il prend un malin plaisir à voir mon regard parcourir sa vitrine en quête d'autres produits que je pourrais commander pour atteindre le montant fatidique parce que je suis aussi coincée que ma baguette l'est sous mon bras (c'est-à-dire que je pendouille quand même un peu), et que nous savons tous les deux que le distributeur le plus proche ne l'est pas tant que ça.
C'est possible. Mais croyez-le ou non, mon boulanger n'aime pas plus que moi manipuler des pièces. Sans même insister sur la question de l'hygiène – le pain doit être propre mais les pièces ne le sont pas – et les risques d'erreur au moment de rendre la monnaie – « 20 et 5 qui font 10[7], bonne

7. Centimes / euros / euros – sinon, ça ferait 25.

journée ! » –, dites-vous bien qu'en ce qui le concerne, mon boulanger préférerait franchement éviter de trimballer lui-même à la banque les pièces qu'il a accumulées dans la journée.

- C'est lourd.
- C'est dangereux : il peut se faire braquer en route.
- Rien que la tête du banquier qui les récupère, c'est un bonheur...

Le plus ironique, c'est que cette histoire de monnaie nous stresse tous les deux autant. Lui veut que j'en aie (pour que je lui achète son pain), et moi, comme par un fait exprès, je n'en ai... plus.

Parce qu'il faut bien dire que la monnaie a ceci de fascinant qu'elle flue et reflue dans notre porte-monnaie avec une régularité à faire pâlir de jalousie la marée bretonne. Pour commencer, il semblerait que, par un étrange miracle, seules nous, les femmes, puissions en avoir (ledit miracle ayant souvent l'apparence d'un sac à main dans lequel nous glissons un porte-monnaie). Et lorsque nous en avons, nous éprouvons une étrange satisfaction à nous en débarrasser dès que nous le pouvons. Et que je te fasse l'appoint même quand on ne me le demande pas ; et que je te fasse une opération de calcul mental digne de la finale des Chiffres et des Lettres pour te caser la pièce de 2 centimes qui alourdit le porte-monnaie (de 3,06 grammes)...

Tout ça pour se retrouver comme deux ronds de flan devant celui de la boulangerie parce qu'on s'est encore débrouillé(e) comme une quiche.

Alors, si nous sommes tous d'accord sur le principe, pourquoi persiste-t-il à refuser ma carte ?

En fait, mon boulanger est un artisan/commerçant/... bref, c'est une société. En tant que telle, son compte ne fonctionne pas exactement comme le mien, simple particulière.

À chaque fois que je le paie avec ma carte bleue, il doit payer une commission, dite Commission Interbancaire de Paiement (CIP). Sur un gros montant, ça ne le dérange pas trop, mais sur le prix d'une baguette, ça lui bouffe un peu toute sa marge. Pour dire les choses autrement : ce n'est plus rentable pour lui.

Vous me direz que c'est la même chose chez Monop' et que, pourtant, eux ne chipotent pas. C'est une société aussi. Vrai. Mais c'est une grosse société, alors que mon boulanger non. Le banquier de Monop' veut bien lui faire des conditions bancaires avantageuses parce que ce qui l'intéresse, c'est que Monop' soit content d'être son client, et lui commande plein d'autres produits sur lesquels il pourra gagner de l'argent. De son côté, Monop' sait bien que lorsque je lui fais le coup de la carte bleue pour 1 euro, c'est exceptionnel. La prochaine fois que je lui rendrai visite, je dépenserai beaucoup plus. L'un dans l'autre, ça lui va. Alors que mon boulanger, lui, ne se fait aucune illusion : à chaque fois que je viens le voir, c'est pour de toutes petites sommes. Fidéliser un client qui ne rapporte rien n'a aucun intérêt pour lui. Je ne doute pas que mon boulanger soit passionné par son métier, mais bon, c'est son gagne-pain.

Pour briller dans les dîners :

Si nous sommes toutes et tous un jour confrontés à ce problème de montant minimum pour payer par carte bancaire, sachez qu'il existe également une limite maximum pour payer en espèces. La loi a récemment changé et il est dorénavant interdit de payer en liquide un professionnel au-delà de 1 000 euros (1 500 euros entre particuliers). Dans ce cas, relativement rare au quotidien, il vous faudra vous rabattre sur votre carte bancaire – si cela reste dans le plafond des dépenses autorisées par votre banque, votre chéquier (bancaire ou de banque), ou faire un virement.

Si d'aventure vous comptiez vous venger sur le boulanger en lui refourguant le prix demandé en pièces d'un centime, sachez que nul n'est tenu d'accepter un paiement effectué avec plus de 50 pièces. Il peut, mais il n'est pas obligé.

La tirette à sous me fait des misères (Les Distributeurs Automatiques).

On s'est tellement habitué à eux, à force de les côtoyer – le premier en France est apparu à Paris en 1968 – qu'on finit par ne plus y prêter attention. Jusqu'au jour où l'un d'entre eux nous fait des misères... En général un soir tard quand le chauffeur de taxi exige que vous le payiez en espèces car son lecteur de cartes est, comme c'est bizarre, cassé. Mais pourquoi ? Pour ce qui est du pourquoi là, maintenant, quand ça ne vous arrange pas, je dirais que je ne sais pas. Pas trop la baraka de manière générale ? Pour ce qui est du pourquoi, techniquement, il vous embête, je dirais que ça dépend. **Il ne vous donne rien du tout :** il est cassé, ou vide, ou vous n'avez plus rien sur votre compte et comme il ne peut pas piocher dans celui du voisin... c'est normal. Autre possibilité, vous avez encore plein d'argent sur votre compte, mais vous avez atteint le plafond de retrait déterminé dans votre contrat. Par mesure de précaution, on fixe toujours un niveau maximum de retraits par période de 7 jours glissants[8]. Ce qui signifie qu'on ne compte pas systématiquement du lundi au dimanche mais sur les 7 derniers jours, quels qu'ils soient. Cette limite n'est pas là juste pour vous embêter (un peu quand même, ça nous fait marrer), elle est surtout là pour limiter les dégâts au cas où vous seriez en train de faire des retraits d'espèces en masse parce que vous êtes sous la menace d'une

8. Dont le montant est différent du, et inférieur au, plafond des dépenses dont nous avons déjà parlé.

arme braquée sur vous par un bandit. Là, au moins, s'il vous laisse en vie, il ne pourra pas vous reprocher de ne pas lui avoir tout donné (puisque c'est la faute du distributeur). Et s'il tient vraiment à vous faire vider votre compte, il sera obligé de vous prendre en otage pendant au moins une semaine de plus. Ce qui est très rassurant. Ce plafond peut être modifié à votre demande comme à celle de la banque, auquel cas c'est toujours vers le bas, voire jusqu'à zéro. Dans ces cas-là, tant qu'à faire, on vous reprend carrément votre carte, qui ne vous sert plus à rien.

Il vous donne quelque chose, mais pas ce que vous aviez demandé : ne cherchez pas, il est cassé. S'il vous a donné plus, ne dites rien, prenez l'argent, et barrez-vous. S'il vous a donné moins, n'hésitez pas à rouspéter. Il n'a pas cherché à vous proposer une solution alternative.

Il vous donne bien ce que vous aviez demandé, mais c'est après que le compte n'y est plus : ah ! nous y voilà. Vous avez demandé 20 euros, vous avez reçu 20 euros, mais vous avez été débité de 21. C'est normal, enfin, façon de parler. Il a pris sa commission. Et depuis quand un distributeur se permet-il de faire ça ? Depuis quelques années à vrai dire, comme c'est bien précisé dans le petit document tarifaire que vous envoie votre banque tous les ans (généralement en début d'année, quand les conditions sont susceptibles de changer). Le tarif n'est pas toujours le même, en fonction des banques, en fonction des cartes utilisées (plus votre carte vaut cher, moins vous êtes susceptible de vous faire taxer lors du retrait). Parce que voyez-vous, même si vous retirez VOTRE argent de VOTRE compte, vous utilisez pour ce faire une machine qui vaut son pesant d'or. Techniquement, déjà, c'est un ordinateur, doté de mécanismes bien huilés dans le comptage de billets. Et ça coûte cher à entretenir ce petit bijou... Il faut payer pour celui qui le programme, celui qui le répare, celui qui le remplit, ainsi que celui qui l'assure, ce dernier poste étant de plus en plus élevé devant la recrudescence des retraits massifs façon voiture-bélier.

Alors autant une banque veut bien investir dans ces petites merveilles pour que ses clients soient contents, autant ça l'amuse moyen de voir tous les zozos du coin venir retirer des billets dans « SON » distributeur super bien placé (« bien placé » impliquant logiquement que plein de monde va venir s'y approvisionner), alors que pas un sur 10 n'est client chez elle, et que ceux-là ne lui rapportent rien. Comme elle ne peut décemment pas mettre de barrières électrifiées autour de son distributeur pour empêcher les « Autres » (les clients des banques ennemies) de l'approcher, elle s'est résolue à la seule option qui lui restait, qui est d'ailleurs son domaine d'expertise : se faire payer.

Puisqu'elle rend service aux clients des autres banques, elle demande à (exige de) ces dernières d'avoir l'amabilité de la dédommager pour cela. Ce que celles-ci font, contraintes et forcées.
Bien sûr, votre banquier sait bien que vous ne planifiez pas tous vos déplacements en fonction de l'emplacement de ces petites machines et tolère généralement quelques entorses à la règle. En moyenne, vous avez droit à 4 ou 5 retraits par mois chez l'ennemi avant de commencer à vous faire taxer (autour de 1 euro par retrait).
Il vous donne bien ce que vous avez demandé, mais vous êtes incapable de savoir si le compte y est : en supposant que vous ne souffrez d'aucune déficience mentale, je ne vois qu'une possibilité. Vous venez de retirer des espèces dans une monnaie qui n'est pas celle de votre compte (si vous habitez en France ou pas loin, votre compte est souvent en euros). Ce type d'opération se traduit par un paragraphe de 5 lignes sur votre relevé bancaire au milieu desquelles vous repérez le montant que vous avez retiré (dans la devise de là où vous étiez), mais aussi la commission Ceci et la commission Cela.
Aux frais de retraits en « banque ennemie » – désignation applicable à toute banque n'ayant pas mis en place de partenariat ou n'étant pas simplement une filiale de votre banque, s'ajoutent les commissions de change dont le montant et les modalités de calcul varient d'une banque à l'autre. D'où l'intérêt de jeter un œil au fameux petit document des conditions tarifaires où tout est indiqué...
En général, votre banque applique une commission variable (la commission est directement proportionnelle au montant retiré) assortie d'une commission fixe (peu importe ce que vous demandez, c'est le droit d'accès), cette dernière vous incitant normalement à faire un seul gros retrait plutôt que plein de petits.

Pour briller dans les dîners :

Pour votre culture générale, sachez que nous ne parlons jamais de « distributeurs » entre nous, mais de DAB ou de GAB. Les premiers étant des Distributeurs Automatiques de Billets dont le nom est très explicite ; les seconds étant des Guichets Automatiques de Banque vous permettant de retirer des billets bien sûr, mais aussi de faire plein d'autres choses comme consulter le solde de votre compte, etc.

Expédier son argent. Ailleurs. Loin. À quelqu'un d'autre.

En ce qui me concerne, je dirais que je me préoccupe plus de savoir comment faire venir de l'argent sur mon compte que de trouver un moyen de l'en faire partir. Mais il paraît que certaines personnes s'inquiètent, elles, d'en envoyer à d'autres. Il s'agit donc ici d'une question qui ne m'intéresse pas vraiment, mais après tout, qui suis-je pour juger ?

La meilleure façon d'envoyer de l'argent à quelqu'un est encore de lui faire un virement. Pour cela, vous n'avez besoin que de son RIB. Vous pouvez faire vos petites affaires tout seul sur Internet (généralement gratuit pour les particuliers) ou en agence (généralement payant pour tout le monde). C'est facile et c'est efficace, tant que le montant n'est pas trop important (auquel cas vous devrez interagir avec votre conseiller bancaire et ce sera payant – perso, ça m'a coûté dans les 3 euros la dernière fois que ma conseillère a entré elle-même les chiffres dans la machine) – tant que le pays vers lequel vous voulez l'envoyer n'est pas suspect – voire carrément soumis à un embargo... Et tant que votre bénéficiaire a un compte.

Bien. Et pour ceux qui n'en ont pas (de compte) ?

Car non, tout le monde n'a pas de compte bancaire. Selon la Banque Mondiale, 40 % des adultes de notre belle planète ne seraient pas « bancarisés ».

La première solution, mais la plus laborieuse, consiste à apporter directement l'argent à l'heureux bénéficiaire. Vous prenez une valise, vous

mettez l'argent dedans et vous partez. Si vous comptez le donner à votre voisin, c'est jouable. Moins si cela implique de vous déplacer à plusieurs milliers de kilomètres. Déjà, se balader avec un sac rempli de billets n'a jamais été une bonne idée. Ensuite, et sauf à aller de toute façon là-bas pour au moins une autre (bonne) raison, l'intérêt financier de l'opération est largement obéré par le coût du transfert. Là-dessus, il est plus ou moins autorisé de faire entrer ou sortir de l'argent selon les pays. En France, nous avons le droit de faire entrer ce que nous voulons, mais devons le déclarer aux douanes à partir de 10 000 euros, histoire qu'elles sachent ce que nous comptons en faire et comment nous avons bien pu nous retrouver à nous promener avec une somme pareille. Ne pas leur dire – et vous faire prendre – vous placerait d'office dans la catégorie des personnes suspectes qui veulent dissimuler de l'argent, ce qui est finalement un peu vrai. Au mieux, on vous taxera de fraudeur fiscal, au pire de trafiquant de quelque chose (à vous d'avouer de quoi). *A contrario*, vous ne pouvez pas entrer ou sortir du Maroc avec tous les dirhams que vous voulez. Au-delà de 2 000 dirhams, mieux vaut bénéficier de dérogations spécifiques. Les règles sont différentes pour chaque pays. Conclusion : vérifiez toujours avant d'aller quelque part (ailleurs) que vous avez bien le droit de trimbaler tout ça.
Certain(e)s d'entre vous pensent peut-être avoir résolu le problème et trouvé l'idée du siècle en glissant leurs billets dans une enveloppe... Oui, ben, je serais eux, je ne m'en vanterais pas. C'est interdit (allez donc lire le décret n° 2013-417). Rapport au fait que le postier a peur de se faire braquer et que si les méchants savaient qu'il ne transporte pas que des factures et des cartes postales, ce serait vraiment débile de ne lui piquer que son vélo. Ce qui suppose évidemment que tout les méchants sont intelligents. Quoi qu'il en soit, La Poste refuse de vous servir de convoyeur de fonds anonyme.
Ce que La Poste accepte de faire, en revanche, c'est de s'occuper du transfert qu'elle effectuera sous la forme d'un Mandat par le biais de son réseau financier. Le concept est simplissime : vous lui confiez de l'argent (qu'elle prend)... et quelques heures/jours plus tard (selon ce que vous demandez et payez comme service), l'argent est disponible dans un autre bureau de poste. Techniquement, cela peut être le même mais bon, si vous habitez dans le même quartier, allez directement donner votre argent au bénéficiaire.
Super. Et pour ceux qui n'en ont pas (de poste) ?

Car non, tout le monde n'a pas de bureau de poste au coin de la rue, ne serait-ce que parce que tout le monde n'a pas de rue. C'est là qu'apparaissent une flopée de prestataires dont vous avez sûrement déjà vu les publicités, au hasard : Money Union, Western Union... Ce dernier étant d'ailleurs le partenaire officiel de La Poste (c'est-à-dire que c'est par lui que La Poste effectuera certains de vos transferts à l'international, pas qu'il la sponsorise). Ces entreprises proposent des solutions chaque jour plus innovantes pour vous permettre d'envoyer de l'argent à vos proches vivant dans un autre pays, ou à ceux coincés dans ledit pays parce qu'ils avaient visé trop juste niveau trésorerie. Vous pouvez vous adresser à leurs agents – en général des commerçants qui ouvrent un petit bureau au sein de leur magasin. Vous pouvez même, grâce à certaines sociétés (M-Pesa), permettre à votre bénéficiaire de retirer de l'argent à un distributeur juste avec un code qu'il aura reçu par SMS. À condition bien sûr que ledit distributeur propose ce système (la plupart des nôtres n'acceptent en général de nous parler qu'après avoir mangé notre carte). Avec ces avancées technologiques, et la pullulation d'intermédiaires – humains ou automatisés –, n'importe qui peut maintenant se procurer des espèces n'importe où.

Génial. Et pour ceux qui n'en ont pas (d'espèces) ?

Ou comment résoudre un problème en fait apparaître un autre... À savoir le fait que certaines régions du monde souffrent d'une véritable pénurie d'argent liquide. Ce sont souvent les mêmes qui souffrent d'une pénurie d'argent tout court, mais allez donc demander à votre banquier de vous donner en billets tout ce que vous avez sur votre compte ! Vous risquez de devoir patienter un peu le temps qu'il le récupère. Ici comme ailleurs, même combat.

Bref, pour résoudre ce dernier problème, et finalement les précédents aussi, des petits malins ont inventé le portefeuille mobile qui ressemble à un compte bancaire sauf que c'est un compte rattaché à un numéro de téléphone. On peut y stocker de l'argent, en envoyer à un autre portefeuille mobile (celui d'un ami ou celui d'un commerçant), ou payer ses factures « en ligne ». Une société a même inventé le concept du transfert directement auprès du commerçant chez lequel le bénéficiaire est censé faire ses courses (des fois qu'il aurait tendance à dépenser autrement qu'annoncé ce qu'on lui envoie). L'ingéniosité dans ce domaine ne tarit pas et permet à une population chaque jour croissante d'accéder aux merveilles du monde consumériste sans avoir recours au troc.

Excellent. Et pour ceux qui n'en ont pas (d'ami, de commerçant, ou de monde consumériste) ?
Euh ben là, franchement...

Pour briller dans les dîners :

S'il est interdit d'envoyer des pièces et des billets par La Poste, vous pouvez néanmoins (décret 2013-981) faire voyager ainsi les pièces dites « de collection » (tant que vous ne considérez pas votre porte-monnaie comme un musée). Tous les autres moyens de paiement, à commencer par le chèque, peuvent bien évidemment être glissés dans une enveloppe, parce qu'il y aurait moyen d'intervenir si un fraudeur le subtilisait.

Sachez enfin qu'envoyer de l'argent est très généreux, mais que l'administration fiscale française n'est jamais très loin. Vous n'avez pas le droit de donner tout ce que vous voulez sans le lui déclarer. Le montant maximum n'est pas inscrit dans le marbre et dépend de la situation financière du donateur (vous).

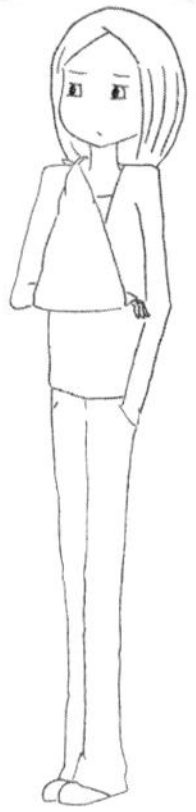

« Paranormal Activity » (Mon compte est hanté.)

Disons que quelque chose ne va pas. Votre carte a totalement disparu, ou pire, vous avez votre carte devant les yeux mais des opérations que vous savez ne pas avoir initiées apparaissent sur vos relevés de comptes (de l'utilité de faire ses comptes que vous pouvez suivre en temps réel sur Internet sans attendre le relevé mensuel...). Je ne vous le souhaite pas, bien sûr, mais comme on dit, écrire son testament n'a jamais tué personne (sauf peut-être des gens très riches qui avaient eu la bonne idée d'informer leurs héritiers qu'ils l'étaient). Que votre carte soit toujours ou non en votre possession, vous pouvez (et devez) y faire opposition.
Par téléphone au centre de cartes bancaires d'abord, puis par courrier avec accusé de réception à votre banque. Toutes les banques n'exigent pas de lettre, mais ce peut être le cas de la vôtre et ce n'est vraiment pas le moment de vivre dangereusement.
Une fois cette petite formalité accomplie, vous pouvez recommencer à respirer. Les choses vont s'arranger. La banque est légalement tenue de vous « rembourser » (disons, d'annuler) les opérations réalisées frauduleusement avec votre carte ou son numéro, même celles réalisées avant que vous n'ayez tiré la sonnette d'alarme (avant que la banque ne sache dans quel pétrin vous vous étiez fourré). Et ceci est valable **même si vous n'avez pas d'assurance** concernant vos moyens de paiement ! Il est possible en revanche que la banque vous demande de participer aux dégâts (jusqu'à 150 euros, plus les éventuels frais d'opposition) si la carte

a été utilisée avec son code secret vu que, dans ce cas, il y a forcément un moment où vous n'avez pas été hyper vigilant. Si la carte a servi à faire des paiements mais que le code n'a pas été composé, l'intégralité des sommes est remboursée.
Bien sûr, on fait opposition dès qu'on s'aperçoit que quelque chose ne tourne pas rond. Et vite. Fissa. Tout de suite. Pas trois jours après s'être aperçu qu'un inconnu tapait sans vergogne dans nos réserves sous prétexte que, de toute façon, la banque allait rembourser ! Vous seriez alors coupable de négligence, et là, la banque ne vous loupera pas ! On vous a confié une carte bancaire parce que vous avez juré être un adulte responsable. Merci de vous comporter comme tel.
Pour ce qui est des opérations réalisées après que vous ayez fait opposition, rien ne pourrait vous être imputé. Normalement, il ne devrait d'ailleurs même pas y en avoir puisque la carte aura été invalidée et ne peut pas être réactivée. Une fois que c'est fait, c'est fait : vous êtes bon pour attendre la prochaine. Si cela était le cas, ce ne serait plus votre problème. Commencez déjà par gérer les vôtres, à commencer par apprendre à vivre sans ce petit bout de plastique fort pratique au quotidien et à vous rabattre sur les espèces (que vous aviez en stock) ou le chéquier.
Sauf à ce que ce dernier ait été volé en même temps que le reste parce que tout était dans le même sac à main. Auquel cas, le topo est le même : vous devrez faire opposition auprès du centre en charge des chéquiers volés (inutile d'appeler celui pour les cartes). L'opération est rarement gratuite (dans les 10-30 euros, exonération dans certains forfaits), mais permet de dormir tranquille ce qui, dans votre situation, n'est pas du luxe. Contrairement aux cartes bancaires dont les références peuvent être utilisées par n'importe quel petit malin qui aurait piraté votre ordinateur, ou repéré le code magique qui y est attaché en vous regardant le taper sur la machine, le chèque présente au moins l'avantage de devoir être signé (par vous). En cas de désaccord, demandez à votre banque de vous ressortir le chèque litigieux et de le comparer à l'exemplaire de signature que vous avez déposé en ouvrant votre compte...
Bien sûr, tout ceci n'est valable, et la banque ne vous indemnisera, qu'à la condition que vous n'ayez pas vous-même initié l'opération. Son boulot consiste à vérifier que tout ce qui sort de votre compte l'est bien à votre initiative, pas de vérifier pour quoi. Autant vous pouvez lui reprocher vertement d'avoir accepté un chèque manifestement signé par un manchot, autant vous ne pouvez pas lui en vouloir d'avoir

effectué le versement que vous lui avez demandé de faire à votre pote parti dans un pays lointain, qui a malencontreusement oublié tous ses papiers dans un taxi et a besoin d'argent pour rentrer à la maison. Même, et surtout, si le pote en question est plus un vague contact dans votre boîte mail qu'un ami d'enfance et que c'est la seconde fois en 6 mois qu'il vous écrit pour la même raison. Si vraiment vous avez des potes capables de se mettre dans de telles situations, commencez par leur passer un coup de fil (pour leur dire que leur boîte mail a été piratée), ou changez de potes. Rien n'empêche ceux qui auraient eu la naïveté de croire à ces fariboles de porter plainte pour escroquerie (et non pour vol) au commissariat, de faire bloquer leurs différents moyens de paiement pour colmater la fuite, ni d'envisager de se faire placer sous tutelle. Quand on est prêt à payer plus vite qu'à téléphoner, c'est une solution à considérer sérieusement.

Dans la même veine, n'essayez pas non plus de rendre service à ce brave homme qui vient d'hériter mais ne peut sortir l'argent de son pays (généralement le même ou presque que celui dans lequel votre ami était en difficulté) et vous propose de partager ses millions avec vous à condition que... vous payiez (argument dont la logique ne semble soulever aucune espèce d'interrogation chez ceux qui se font piéger). Dans cette situation, je serais bien tentée de vous dire, si j'étais mauvaise, que là, vous l'avez bien cherché. Vous ne pouviez pas ignorer que l'affaire était louche puisqu'il dit lui-même dans son mail qu'il n'a pas le droit de sortir l'argent...

Et tant qu'à parler morale, il va de soi que ces dispositions ont été établies pour protéger le citoyen victime de fraude, mais foncièrement honnête (au moins dans cette sale histoire). Si on ne vous a pas volé votre carte, son numéro, ou si vous ne l'avez pas perdue (une carte perdue et utilisée contre votre gré peut être considérée comme volée), vous ne devez pas déclarer – sur l'honneur, qui plus est ! – que c'est le cas. Mentir ici relève du délit pénal.

En cas de crise de panique :

Rappel des numéros de centres interbancaires pour faire opposition :

- Sur votre carte : 0892 705 705
- Sur (au moins) un chèque : 0892 683 208

Certaines banques ont leurs propres numéros, mais ceux-ci pourront au moins vous aiguiller.

Pour briller dans les dîners :

Il peut arriver également que personne n'ait volé votre carte, mais qu'un petit coquin charge la barque.

Il s'agit alors d'un « détournement d'autorisation ». Là aussi, la banque doit vous rembourser si vous apportez la preuve que vous ne pouviez pas connaître le montant quand vous avez initié l'autorisation de paiement (ce que vous faites quand vous acceptez de laisser l'empreinte de votre carte en arrivant dans un hôtel, ou quand vous prenez de l'essence à une pompe automatique), que ce montant n'est clairement pas dans vos habitudes, et que vous avez été victime d'escroquerie. Ça ne fonctionne pas si vous avez mal évalué ce que vous alliez dépenser, ni si l'opération date de plus de 13 mois.

TAUX D'INTÉRÊTS

La tête à Taux-Taux (d'intérêts)

Payer des intérêts, c'est un peu comme payer des impôts. C'est rageant, mais c'est bon signe : que vous gagnez suffisamment d'argent pour être concerné dans le second cas, et qu'on a jugé que vous prêter de l'argent n'était pas totalement absurde dans le premier. Dans une situation comme dans l'autre, cela signifie que vos capacités financières sont *a priori* encourageantes. Ou que vous avez menti lorsque vous avez déposé votre dossier de prêt.

Les intérêts ont ceci d'intéressant que tout particulier est susceptible, un jour ou l'autre, d'en payer – auquel cas ils sont toujours trop hauts – et d'en recevoir – jamais assez.

Pour comprendre pourquoi vous devez payer des intérêts lorsque vous contractez un crédit, vous n'avez qu'à vous demander si vous accepteriez de prêter pour rien vos économies durement accumulées au prix d'heures-sup' et de dîners-nouilles. Il y aura bien parmi vous deux-trois hippies prêts à me répondre que oui, bien sûr, et j'invite ces derniers à m'écrire personnellement pour que nous nous arrangions entre nous. Pour tous les autres, qui se disent que, quand même, ils le feraient sûrement, mais que bon, voilà, on ne se connaît pas tant que ça, je répondrais que je suis un peu vexée, mais que je les comprends fort bien.

L'idée ici n'est pas de disserter sur la pertinence des taux appliqués par les grandes et mauvaises banques rapaces qui ne pensent qu'à spolier le pauvre particulier qui veut juste se loger, d'autant que les banques en question ne mangent pas de nouilles (elles ne mangent pas), et que leur fonctionnement est un peu plus subtil que ce qu'il y paraît. En l'occurrence, et je ne m'étendrai pas sur le sujet qui sort un peu du cadre ici, elles ne prêtent pas d'argent comme nous pouvons le faire entre nous (et entre amis)[9].

Il s'agit plutôt de se mettre d'accord, une bonne fois pour toutes, sur le fait que les intérêts sont la récompense accordée à ceux qui prennent le risque de vous avancer une somme d'argent que, disons-le franchement, vous n'avez pas encore réussi à amasser tout(e) seul(e). Vous avez parfaitement le droit de ne pas être d'accord avec cette logique, mais c'est celle qui prévaut dans notre monde aujourd'hui et, donc, c'est sur cette base que je vais continuer à palabrer. Certains d'entre vous argueront peut-être du fait que ce système n'a rien d'immuable comme en témoignent les préceptes de certaines religions qui interdisent la perception (et donc, implicitement, le versement) d'intérêts. Rassurez-vous, cela ne signifie absolument pas que les membres de ces cultes ne se prêtent pas d'argent entre eux, c'est juste qu'ils font des montages un peu plus élaborés.

Vous avez certainement déjà entendu dire que les intérêts sont le prix de l'argent, ce qui est un peu vrai, mais un peu court. Disons que c'est le prix de l'argent-là-tout-de-suite-maintenant.

Avant de plonger au cœur du sujet – qui fait l'objet du chapitre suivant – sachez qu'un taux peut être fixe ou variable. Pour savoir ce qu'est le vôtre, il suffit de lire le contrat que vous avez précieusement conservé. C'est écrit noir sur blanc dedans : un chiffre, avec un signe « % » juste après. Si c'est le même du début à la fin, c'est, littéralement, un taux fixe. Si ce n'est pas le cas, c'est que c'est un taux variable. Ça peut être variable d'un jour sur l'autre, d'un mois sur l'autre, etc. – ça dépend du taux. Eh oui...

Le taux variable que vous rencontrerez le plus souvent en France est l'Euribor. Un taux Euribor a toujours une échéance (Euribor 1 semaine, Euribor 1 mois, et ainsi de suite jusqu'à Euribor 1 an), sinon, c'est qu'on parle de la catégorie au sens large.

L'Euribor est en quelque sorte le taux « plancher » auquel on ajoute une marge. Lorsque vous avez un taux variable de type « Euribor + marge »,

9. Sans entrer dans les détails, vous ne pouvez prêter que de l'argent que vous avez, alors qu'une banque a rarement celui qu'elle met à votre disposition. C'est dingue, je sais, mais c'est comme ça.

c'est la partie « Euribor » qui est variable, pas la partie « marge ». Si votre taux passe de 4 à 6 % en un an, c'est l'Euribor qui s'est pris 2 % dans le nez ; et ça le banquier n'y peut rien.
En France, la plupart des gros crédits faits à des particuliers sont basés sur des taux fixes, ce qui a l'avantage d'éviter les mauvaises surprises quand les taux remontent plus que ce que vous aviez anticipé. Dans la mesure où vous n'êtes pas des professionnels de la finance et que vous n'avez pas de réelle visibilité sur leur évolution, je ne saurais que trop vous recommander de vous en satisfaire. Ou de vous replonger dans les affres de nos amis américains et en particulier de leurs « subprimes » dont une large partie s'était endettée à taux variable.
Enfin, et pour mettre les choses à plat, sachez que lorsqu'on vous annonce un taux, celui-ci est toujours – sauf indication contraire explicite – annuel : si on vous annonce 4 %, c'est pour l'année, soit 0,33 % par mois (4 % / 12).

Pour briller dans les dîners :

Euribor est l'acronyme, en anglais, de EURo InterBank Offered Rate : il s'agit du taux auquel les banques de la zone euro se prêtent de l'argent entre elles sans prendre de garantie, c'est-à-dire sans filet. Il est calculé tous les jours, ce qui fait qu'il varie... tous les jours. Et comme leurs prix ne sont pas les mêmes selon qu'elles prêtent pour 1 semaine ou pour 1 mois, ou pour toutes les autres durées proposées, cela donne autant d'Euribor possibles.

L'Euribor a un petit frère pour les toutes petites échéances (1 jour) : l'Eonia (Euro Overnight Index Average), qui fonctionne exactement comme l'Euribor sauf qu'il n'a pas quinze échéances possibles puisqu'il s'agit d'un prêt à 1 jour (« overnight » signifiant, toujours en anglais, « d'une (durée d'une) nuit », soit du jour au lendemain). Si vous le rencontrez, c'est que vous avez investi sur les marchés financiers ou que vous êtes une grosse entreprise et que vous vous êtes trompé de bouquin.

Le terme de « subprimes » (comme dans « crise des subprimes ») désigne, aux États-Unis, la catégorie d'emprunteurs pas hypersûrs. Vu qu'ils étaient déjà ric-rac pour payer les mensualités de leurs maisons, la remontée des taux n'a absolument pas arrangé leurs affaires.

Mais d'où viennent les taux d'intérêts ? (et en particulier le mien...)

Vous connaissez le dicton : « un tiens vaut mieux que deux tu l'auras ». Alors même si je n'ai pas pour habitude de contester la sagesse de nos anciens, je dirais bien que ça dépend. De qui, de quoi, et de quand.
Si c'est vous qui me proposez un « tiens » (ou un « euro », tant qu'à faire, un « tiens » n'existant pas), je ne voudrais pas être désobligeante, mais je serai plutôt d'accord. Excusez-moi, cela n'a rien de personnel, mais le fait est qu'on ne se connaît pas.
Alors que si c'est mon papa, je serai moins catégorique. Déjà, parce que j'ai la conviction qu'il honorera sa parole, ensuite parce que mon papa, c'est le plus fort. J'ai réglé mon problème d'Œdipe, la question n'est pas là. Elle est que je prends moins de risques avec quelqu'un en qui j'ai confiance. Et la confiance, dans le monde merveilleux de la finance, c'est la clef de tout. Moins on a confiance en vous, plus vous payez – et réciproquement. Notez qu'une opinion défavorable n'est pas forcément intrinsèquement liée à votre personne. En partie oui, bien sûr, mais pas que. Mon papa a un avantage quasi imbattable sur ce point, mais uniquement avec moi. Mon père étant un inconnu pour vous, vous ne lui accorderiez probablement pas la même confiance, même si je vous assure qu'il vous paiera (ne serait-ce que parce que vous n'avez pas la moindre idée de ma propre moralité[10]). Le sujet devient philosophique, mais vous voyez l'idée : le prix

10. Il se trouve que je suis quelqu'un de très bien et de très fiable.

dépend autant du risque que représente un emprunteur que de celui que veut bien prendre son créancier[11].
Et s'il y a une chose qui lui fait peur, c'est l'avenir : c'est ballot, mais c'est humain. Puisqu'on en est dans les dictons, vous devez avoir entendu celui qui dit que « le temps, c'est de l'argent ». Il y a mille et une façons de le comprendre, et l'une d'entre elles est que plus vous prêtez pour longtemps, plus cela sera cher, tout simplement parce que plus c'est long, plus c'est risqué. L'avenir à un jour est beaucoup plus facile à anticiper que celui à 20 ans. Qui sait ce que vous serez devenu à ce moment-là ? Sans même parler du fait que même si tout se passe normalement (bien), il n'est pas dit que les euros que vous rendrez au banquier auront la même valeur qu'aujourd'hui. Un euro vaudra toujours un euro, mais il ne permettra pas forcément d'acheter autant (vous avez dû entendre parler de l'inflation ?). Ne serait-ce que pour cette raison, il y a tout lieu de récompenser dûment la bonne âme qui vous prête de l'argent, et autrement qu'avec une jolie carte postale. Cela lui fera plaisir, mais ne le rassurera pas particulièrement, or c'est précisément ce dont le banquier a besoin.
La meilleure façon de tranquilliser un créancier est encore de mettre quelque chose en garantie. Depuis les prêteurs sur gage, on n'a pas trouvé mieux. Plus votre garantie est importante, moins le banquier a peur et moins il devrait vous faire payer d'intérêts – toutes choses égales (durée, montant emprunté) par ailleurs. C'est typiquement le cas de votre maison « hypothéquée » tant que le prêt qui vous a permis de l'acheter n'a pas été intégralement remboursé. En général ça ne tombe pas sur elle parce que le banquier trouve aussi qu'elle est super bien placée et que la vue est dégagée. Mais parce que pour la grande majorité d'entre nous, la maison est ce qui représente la plus grosse part de nos avoirs. Le banquier se couvre, et c'est logique, sur ce qui a le plus de valeur. Si vous mettez en garantie d'un prêt d'un million quelque chose qui vaudra (vraiment) toujours un million même si vous veniez à faire défaut, les choses sont plus faciles à négocier. Ce point explique en partie pourquoi les banques préfèrent prêter aux riches.
Façon détournée d'aborder un sujet délicat, celui des crédits à la consommation. Ceux-ci sont destinés à pallier un décalage de trésorerie et, comme leur nom l'indique, à financer des biens de consommation (par opposition

11. Celui qui lui prête de l'argent.

à des investissements) : voiture, télévision, vos courses au supermarché... C'est vous qui voyez.
L'idée n'est pas ici de débattre du bien-fondé de ces crédits à propos desquels je ne trouverai pas grand-chose à dire de bien dans la mesure où leur usage répété et systématique est en opposition avec l'orthodoxie financière de base. L'endettement sert à acquérir un bien qui dégage une valeur (financière). S'endetter pour anticiper sur sa consommation revient à reculer pour sauter, mais ni mieux ni plus loin. Vous augmentez votre consommation sans augmenter vos revenus. Et puisque ce que vous achetez avec ce type de crédits perd en général très vite de sa valeur, le banquier-prêteur joue ici sans filet. Résultat, même si ces crédits sont en général beaucoup plus courts que les prêts immobiliers, leurs taux d'intérêts sont beaucoup plus élevés.
Notez que j'exprime ici une conviction personnelle, et que rien ne vous oblige à penser comme moi.

Pour briller dans les dîners :

Un taux d'intérêt est composé de la partie « avance sur argent » (taux « sans risque ») à laquelle on ajoute une série de primes de risques adaptées à l'emprunteur.

Le taux d'intérêt appliqué à un particulier dépend du niveau des taux de son environnement économique. La baisse ou la hausse des taux d'intérêts d'un pays finit par se répercuter sur ceux pratiqués par les banques du pays.

Toutes les banques ne peuvent pas prendre les mêmes risques : si la vôtre n'a prêté qu'à des clients hypersûrs jusqu'à présent, elle a un peu plus de marge pour prendre des risques avec vous. Question de diversification de son portefeuille.

« Faire défaut sur sa dette » signifie louper un paiement, qu'il s'agisse des intérêts comme du remboursement du capital (le montant emprunté). Les deux étant généralement empaquetés ensemble (pour les particuliers), cela revient à louper une mensualité.

La mesure de l'usure

Traiter quelqu'un d'usurier n'est pas très gentil, et rarement pertinent, d'autant que la notion d'usurier est à temporalité variable... même si je ne suis pas absolument certaine que ce concept existe. En gros : n'est pas forcément usurier aujourd'hui celui qui l'était hier, et réciproquement. Quand vous en êtes à accuser quelqu'un (au hasard, votre banquier) de l'être, sachez que les noms d'oiseaux qui suivent et précèdent sont des insultes (ce n'est pas bien, mais vous avez le droit), mais que l'usure étant un délit puni par la loi, vous l'accusez d'être en infraction avec celle-ci. Ce ne sont plus des insultes, mais de la diffamation. Sauf si c'est effectivement un usurier, ce dont vous me permettrez de douter dans la mesure où derrière chaque banquier se cache une armada de juristes qui veillent au grain. Nul n'étant censé ignorer la loi, et surtout pas vous une fois que vous aurez lu ce chapitre, nous allons mettre au clair cette histoire.
Faire payer des intérêts lorsque l'on prête de l'argent est un concept que tout le monde ne cautionne pas, mais c'est une réalité. Il est aujourd'hui considéré comme tout à fait normal (et sain) de rémunérer ceux qui acceptent de prêter leur argent. Après tout, s'ils n'étaient pas payés pour ça, ils n'auraient aucune raison de le faire et vous seriez obligé d'attendre d'avoir gagné tout l'argent dont vous avez besoin pour acheter ce dont vous avez envie.
Donc, payer des intérêts, c'est bien. Le mieux étant son pire ennemi, payer trop d'intérêts, c'est mal.

On a bien pensé à faire un sondage pour fixer un seuil une bonne fois pour toutes, mais la seule chose qui soit apparue clairement, c'est qu'un emprunteur trouvera toujours le taux trop élevé alors qu'un prêteur le trouvera toujours trop bas. Chacun voit midi à sa porte. Sauf que l'usure n'est pas que la pénible impression de se faire avoir, c'est une pratique illégale. L'usurier, c'est quelqu'un qui prête de l'argent à un taux supérieur à la limite légale.

Au Moyen-Âge, le prêt avec intérêts était interdit par l'Église (qui avait encore son mot à dire sur le sujet). À part le « prêt à taux zéro », il était impossible d'emprunter – à un chrétien. Fort heureusement, nos amis de confession juive n'étaient, eux, pas soumis aux diktats de cette loi-là, et pratiquaient allègrement la profession de banquier telle que nous la connaissons aujourd'hui. Cela leur a valu de s'enrichir un peu plus vite que les autres et, bien évidemment, une très mauvaise réputation. La jalousie est un vilain défaut.

De nos jours, la limite est quelque peu remontée. Je vous donnerais bien un chiffre, si je le pouvais, mais le problème, c'est qu'il y en a plein et qu'ils sont fixés, et donc changent, tous les trimestres par la Banque de France (pour la France, bien sûr).

Au 3e trimestre 2015, il était de 4,13 % pour les prêts immobiliers à taux fixe accordés à des particuliers. Au 1er trimestre 2012, il était à 6,32 %. Si votre banquier vous propose un crédit à 4,12 % en octobre 2015, ce n'est pas un usurier (je reconnais qu'il n'est pas loin de la limite, mais pas plus que lorsque vous roulez à 129 km/h sur l'autoroute !).

Avant de faire un scandale aussi inutile que ridicule dans votre agence, sachez que le taux d'usure applicable est celui en vigueur à la signature du contrat.

Sachez aussi que les taux d'usure dépendent du type de crédit octroyé. Allez donc faire un petit tour sur le site de la Banque de France. Vous vous rendrez vite compte que la fourchette est très large selon qu'il s'agit d'un crédit immobilier (seuil le plus bas) ou d'un crédit dit « de trésorerie » (par exemple un crédit à la consommation), dont le taux d'usure est nettement plus élevé.

EMPRUNTER DE L'ARGENT

Idée reçue : au début d'un crédit, on ne rembourse que les intérêts...

(Note : ce chapitre ne traite que des crédits accordés aux particuliers (vous et moi) : un montant versé en une fois au début et remboursé sur une période donnée en payant des mensualités identiques d'un mois sur l'autre.)

Je crois que j'ai à peu près tout entendu concernant les intérêts sur un crédit. Entre mon ex qui était persuadé qu'il devrait continuer à payer les intérêts même s'il remboursait tout avant (ce qui nous a valu une bonne heure de « discussion » vu que j'avais raison), et mon cousin qui se plaignait il y a encore quelques jours qu'il n'avait pas fini de rembourser les intérêts de son crédit... C'est donc à ce dernier que je dédie ce chapitre (puisque je ne parle plus à mon ex) en m'attaquant une bonne fois pour toutes à l'idée reçue qui voudrait qu'au début d'un crédit, on ne rembourserait que des intérêts.

Sans m'attarder sur l'aberration « rembourser des intérêts » qui ne veut rien dire (on rembourse un crédit sur lequel on paie des intérêts, pas l'inverse), j'attire votre attention sur le fait que le montant des intérêts dépend du montant du crédit qu'il vous reste à rembourser.

- Si vous devez de l'argent à la banque, vous payez des intérêts dessus (sauf geste commercial de votre banquier) ;
- Si vous payez des intérêts, c'est que vous devez des sous à la banque (pas d'alternative !).

L'un ne va pas sans l'autre. Le sel et le poivre. Le yin et le yang.

Sinon ? Vous seriez dans une situation ubuesque :

Un crédit de 100 000 euros à 1 % par an[12] : vous débourseriez 1 000 euros d'intérêts (100 000 x 0,01). Si vous ne payiez effectivement que des intérêts, vous n'auriez rien remboursé de votre crédit et vous seriez toujours redevable de 100 000 euros l'année suivante, nous sommes d'accord ? Vous commenceriez donc l'année suivante avec un crédit de 100 000 euros.
Je profite de l'occasion pour rappeler aux étourdi(e)s que le taux d'intérêts annoncé est applicable – et croyez-moi, appliqué – tant qu'il reste quelque chose à rembourser. Ce n'est pas un paiement ponctuel qu'on ne ferait qu'une fois, à la signature. Dans le cas qui nous intéresse, et puisque vous n'avez rien remboursé de votre crédit de 100 000 euros à 1 %, vous devriez, à nouveau, payer 1 000 euros d'intérêts.
Et rebelote l'année suivante : toujours 100 000 euros de crédit, toujours 1 000 euros d'intérêts. Vous comptez jouer à ce petit jeu encore longtemps ou vous voyez où je veux en venir ?
Alors d'où vient cette idée reçue ?
Je soupçonne que le fait qu'on paie effectivement plus d'intérêts au début d'un crédit qu'à la fin explique en partie cet amalgame (en plus d'un flou artistique savamment entretenu par les professionnels de la finance). Sauf que « plus » ne veut pas dire « que ». Sinon j'aurais écrit « on ne paie que des intérêts ».
Une mensualité est un peu comme un verre que vous devez remplir à ras bord de farine et de sucre. La farine représente les intérêts, le sucre symbolise le capital qu'on vous a prêté et que vous devez donc rembourser un jour ou l'autre.
Vous commencez par verser ce dont vous avez besoin comme farine (intérêts) et vous complétez avec du sucre (un bout de capital). Au fur et à mesure que le capital à rembourser diminue, le montant des intérêts baisse : ils sont strictement proportionnels puisque ce sont des pourcentages. La taille du verre ne change pas. Moins vous mettez de farine, plus vous pouvez mettre de sucre. Moins votre mensualité comprend d'intérêts, plus vous pouvez rembourser de capital. Au fil du temps et des mensualités, la balance entre les deux s'inverse, mais vous commencez à rembourser votre capital dès le début de votre crédit... et vous payez des intérêts jusqu'à la fin !

12. Dans la vraie vie, nous payons des mensualités (tous les mois) et non des annuités (tous les ans), mais le principe est exactement le même. Il s'agit juste d'un exemple me permettant de ne pas utiliser de chiffres avec des virgules.

Pour briller dans les dîners :

Rembourser un crédit avant la date prévue peut vous valoir des « pénalités de remboursement anticipé », mais il n'est pas question ici de continuer à payer tous les mois ce que vous auriez payé si vous n'aviez rien remboursé.

Les banques offrent parfois la possibilité de « différer l'amortissement du capital » de quelques mois. En d'autres termes, elles vous font un prêt dont les premières mensualités ne seront effectivement constituées que d'intérêts. Cela peut vous être utile de façon très ponctuelle (vous venez d'acheter une maison et êtes sur le point de vendre la précédente), mais certainement pas à long terme. Dans ce cas, c'est un crédit adapté à votre situation, ce n'est absolument pas la situation « normale ».

La formule mathématico-mathématique pour calculer une mensualité est la suivante (attention, ça peut faire mal aux yeux) :

$$\text{mensualité} = \frac{\text{capital emprunté} \times \text{taux mensuel} \times (1 + \text{taux mensuel})^{\text{nbre de mois}}}{(1 + \text{taux mensuel})^{\text{nbre de mois}} - 1}$$

Si vous jouez avec, vous constaterez par vous-même qu'avec un taux d'intérêt suffisamment bas, comme ceux que l'on peut observer ces derniers temps, vous pouvez même payer moins d'intérêts que vous ne remboursez de capital dès le début. Si avec ça je ne vous ai pas convaincu(e)...

Le TAEG : un taux peut en cacher un autre

J'ai lu un jour quelque part (vous noterez la référence hyperprécise) que si on lisait toutes les lignes de tous les contrats qu'on signe, ou qu'on coche (merci le Web), on y passerait quelque chose comme 7 ans de notre vie. C'est beaucoup. En même temps, on passe 25 ans de notre vie à dormir et 3 ans (pas d'affilée, on est bien d'accord) aux toilettes. Et pour le coup, ce serait vraiment dommage de ne pas le faire. Alors pourquoi nous sommes nous octroyés le droit de zapper la lecture de ces lignes, écrites parfois si petites que même notre ophtalmo ne se permettrait pas de tester notre vue avec ? La raison officielle, celle que nous nous répétons tellement que nous avons fini par y croire, c'est que nous sommes bien obligés de faire confiance à notre interlocuteur et que notre banquier, puisqu'on en parle, n'est pas un voleur. Pas faux. Quelle que soit votre opinion de votre banquier, il y a de grandes chances pour que ce NE soit PAS un voleur. Au sens juridique du terme s'entend. Il ne va pas partir avec votre argent après vous avoir plaqué contre le mur. Si c'est le cas, c'est qu'il était de mèche avec les mecs cagoulés qui sont entrés en hurlant dans l'agence et, dans ce cas, n'oubliez pas de mentionner ce détail à la police qui ne manquera pas d'arriver d'ici quelques minutes.

La vraie raison, c'est que nous sommes persuadés que, de toute façon, nous ne les comprendrons pas. Et donc, nous ne les lisons pas. Ou plutôt, devrais-je dire : vous ne les lisez pas (moi j'ai du temps à tuer, donc je le fais, et puis en plus je suis très intelligente, ce qui me permet de tout comprendre). Les ayant lues, je me permets donc ce commentaire : vous devriez faire de même. Surtout quand il s'agit du contrat de votre crédit.

Parlons-en justement. Après avoir fait votre tournée (des banques, pas des bistrots), vous choisissez normalement le moins cher, celui qui vous propose le taux d'intérêt le plus bas. Jusqu'ici, votre raisonnement se tient, et vous pouvez être fier de vous pendant quelque temps. Au moins jusqu'à ce que tombe la première échéance. Deux possibilités : 1/ C'est bien le prix que vous aviez compris ; 2/ Ça ne l'est pas. Dans les deux cas, je vous invite quand même à lire les lignes qui suivent, pour une fois.

Parce que dans celles du contrat, il y avait en plus le prix de tout petits détails, comme l'assurance. Il est certes bien gentil le banquier qui vous a fait un prix super-bas, mais il a tellement confiance en vous qu'il exige que vous preniez une assurance, des fois que vous ne seriez plus en mesure d'assumer vous-même ce que vous lui devez parce que vous avez perdu votre boulot ou parce que vous êtes mort(e), histoire de prendre des exemples gais et légers. Le prix de l'assurance dépendra de vous et de votre passé. Notez que plus l'assurance est chère, moins vous avez d'espoir.

Là-dessus se rajoutent les frais de dossier, le vôtre, qu'il va falloir remplir en tapant sur le clavier de l'ordinateur. Cela ne se fait pas tout seul, par l'opération du Saint-Esprit, surtout avec ces lettres qui ne sont pas fichues d'être dans l'ordre. Alors votre banquier (ou son stagiaire) s'éclate peut-être à compléter les cases et à raconter votre vie à qui veut bien l'écouter (tant que ces personnes travaillent dans la même banque que lui, il ne trahit pas le secret professionnel), mais surtout, il est payé pour ça ; par la banque d'abord (la notion de « salaire » doit vous être familière), puis, inévitablement et par ricochet, par vous.

Cela signifie-t-il que vous devez vous prendre la tête toute une soirée pour connaître le vrai prix du crédit qu'on vous propose ? Que nenni ! Il vous suffit de trouver au milieu de toutes ces pages le sigle **TAEG**[13] (à prononcer lettre par lettre et non pas « taeg », qui ne veut rien dire), comme Taux Annuel Effectif Global. C'est la lettre E qui est ici la plus intéressante : E comme Effectif, comme « réel », le contraire « d'imaginaire ».

13. Ou, en version courte, le TEG.

Le TAEG, c'est le vrai taux qui englobe tout ce qui va être compté dedans (comme dans G – Global).
Lorsque vous aurez le TAEG sous les yeux alors, oui, vous pourrez commencer à comparer. Attention, le TAEG n'est pas le seul critère à regarder. Il ne vous dit pas quel est le meilleur crédit « dans l'absolu » mais quel est le meilleur entre ceux dont toutes les autres caractéristiques (durée, montant, garanties demandées) sont les mêmes. On ne compare pas des choux et des carottes.
Une dernière chose, pour celles et ceux qui avaient déjà tout compris, et ont dégotté le meilleur crédit du coin pour leur projet. Félicitations ! Et qu'en est-il du prix de tous vos autres produits bancaires (tenue de compte, carte bleue, frais de découvert...) ? La banque qui vous a attiré(e) dans ses filets pratique-t-elle les mêmes tarifs que l'ancienne ?
Ou pas ?

« En voiture Simone ! » : les mille et une façons de m'endetter pour acheter ma voiture

Si vous n'êtes pas en mesure d'aligner les billets sur la table pour acheter votre nouvelle voiture (façon de parler, puisque vous devez faire un virement pour un paiement à partir de 1 000 euros, je vous le rappelle), vous n'avez pas d'autre choix que de prendre le bus. Ou de vous pencher sur la question du financement de Titine.

La solution la plus traditionnelle reste encore le crédit bête et méchant. Du même type que celui que vous avez pris pour votre logement, mais d'un montant en principe nettement moins élevé : si vous dépensez autant pour votre maison que pour votre voiture, soit vous vivez dans un trou à rats, soit vous venez de racheter le concessionnaire d'à côté. Comme vous le savez, les intérêts appliqués seront en principe plus élevés (en pourcentage, pas en montant) que pour votre crédit immobilier, les voitures perdant très vite de leur valeur.

Deux autres possibilités sont de plus en plus en vogue en ce moment : la location longue durée et le « leasing » (également appelé « location avec option d'achat »).

Quelle que soit la formule choisie – crédit normal ou location –, vous devrez payer tous les mois. La différence est plus « conceptuelle ». Dans un crédit normal, vous remboursez tous les mois à votre banquier ce qu'il vous a prêté. Vous n'avez plus aucun contact avec le vendeur de la voiture une fois que vous êtes sorti avec de son garage et Titine est à vous dès le début.

Dans les deux autres cas (les locations), vous n'aurez aucun contact avec votre banquier habituel. C'est le concessionnaire (et sa filiale financière...) qui vous enverra la facture tous les mois. Quelle est la différence entre les deux derniers ?
Avec la location longue durée, vous louez une voiture. La même, pendant 1 an, 2, ou plus. Vous n'en êtes pas propriétaire et ne le serez jamais – mais vous aurez quand même le droit de parler d'elle comme de « votre » voiture. Au terme de votre contrat, vous ramènerez Titine à qui de droit et repartirez au volant d'une autre, si ce type de fonctionnement vous convient. Le loyer que vous devrez payer dépendra évidemment du modèle que vous aurez choisi (pour ceux qui se poseraient la question : plus la voiture est vendue cher, plus sa location l'est).
Avec le leasing, vous louez une voiture, comme juste avant... avec cette subtilité qu'à la fin, vous avez la possibilité (mais pas l'obligation) de racheter Titine pour qu'elle soit vraiment à vous. Là aussi, bien sûr, plus Titine est grosse, plus le prix sera élevé... mais il y a une subtilité. Comme il est possible que vous la rachetiez *in fine*, vous pouvez moduler vos paiements. N'ayez aucune illusion, ici, comme toujours, vous ne pouvez moduler qu'à la hausse (payer plus que ce qu'on vous demande, pas moins, pas dans notre monde). En tant que particulier, vous ne voyez pas forcément l'intérêt, mais certaines sociétés peuvent trouver cela alléchant... sans trop digresser, dites-vous que plus une société dépense, moins elle gagne d'argent et moins elle paie d'impôts.
Quelle est la meilleure solution ? Euh... ben... ça dépend. De vous, du crédit que vous pouvez obtenir, et de l'état de votre trésorerie. En considérant que vous devez choisir l'un des trois, je dirais peut-être, et du bout des lèvres, le leasing... mais ça ne serait jamais que reculer pour mieux sauter. J'aime assez l'idée d'avoir le choix plus tard. De me laisser genre 5 ans pour décider si oui ou non je veux l'acheter (ou pas). La location longue durée n'est pas mal, d'autant qu'elle assure une tranquillité d'esprit certaine à son souscripteur puisque le contrat est clair : vous payez un loyer tous les mois pour une voiture en bon état de marche. En cas de pépin (un joint de culasse mal vissé, ... ?), c'est compris dans le prix, alors que ça se rajouterait à la facture de base d'une voiture que vous auriez achetée à l'aide d'un crédit simple. Cela permet de ne pas se poser de question existentielle sur la revente de la voiture, et de toujours avoir une voiture à la pointe de la technologie (moins de 5 ans

à chaque fois). Si votre priorité dans la vie est d'être chic, cette option s'impose d'elle-même.
Mais bon... comme toujours, j'ai du mal avec cette histoire de « louer » et de ne rien avoir au bout. Comme pour un appartement... ça me dérange de dépenser une somme tous les mois sans que cela ne me donne droit à rien, du tout, au bout.
Maintenant, sur ce coup-là, demandez plutôt à un pro de la voiture. Et de préférence pas à un qui travaille chez le concessionnaire qui vous propose l'arrangement.

Le regroupement de crédits : on emballe tout et on repart !

Si ce sujet vous intéresse, il y a de fortes chances pour que vous ayez eu la judicieuse idée de contracter plusieurs crédits. Ou que vous êtes d'un naturel curieux, auquel cas je ne peux que vous en féliciter.
Entre le crédit sur 25 ans pour la maison octroyé par votre banquier il y a 12 ans, celui sur 8 ans de votre concessionnaire auto (pour la voiture...) de l'année dernière, et celui de 4 ans que vous venez d'obtenir d'un organisme financier quelconque sans vraiment lui dire pourquoi vous en aviez besoin (crédit à la consommation)... c'est vrai qu'il y a de quoi s'emmêler les pinceaux. Pour ne rien arranger à l'affaire, les taux ne sont pas les mêmes – ce qui est logique comme nous l'avons déjà vu. Dans la mesure où vous n'avez menti à aucun de vos interlocuteurs au moment de la négociation, ça devrait passer niveau budget et le vrai problème se situe plutôt du côté du paquet de nœuds qu'est devenue la gestion administrative de vos différents engagements.
C'est d'ailleurs là que réside l'intérêt originel du regroupement de crédits : on prend les trois (dans cette histoire), et on les transforme en un seul. Au lieu de gérer trois tas de tailles et de couleurs différentes, on n'en fait plus qu'un seul.
Cette opération magique peut se faire directement auprès de tout organisme financier agréé à octroyer des crédits. Cela peut être votre banquier préféré, ou pas. Il rachètera vos crédits à tous ceux à qui vous devez de l'argent, et vous ne traiterez plus qu'avec lui. Cela ne vaut bien sûr que

pour tous les crédits déjà signés ; les prochains ne seront pas intégrés dans la manipulation. Ceci dit, si vous en êtes à songer au regroupement de crédits, il va peut-être falloir se calmer un peu et revoir vos prétentions à la baisse. Ou élaborer une stratégie pertinente pour augmenter vos revenus.

Le regroupement de crédits n'est pas un produit miracle : il ne réduit pas votre endettement d'un centime. Si vous deviez 100, 50 et 20 (millions) avant, vous devrez dorénavant 170 (ce qui n'est jamais que la somme de 100 + 50 + 20, pile poil). Sur ce point-là, tant que vous ne remboursez rien, et que votre dossier n'a pas été admis en commission de surendettement[14], les choses ne vont pas s'arranger toutes seules.

Histoire de nous débarrasser de toutes les idées préconçues auxquelles vous pourriez vous raccrocher, je préfère vous annoncer tout de suite qu'un regroupement de crédits ne signifie pas non plus que cela vous coûtera moins cher. C'est possible, mais c'est loin d'être systématique.

Le regroupement de crédits permet de caler vos différents crédits sur plus ou moins la même échéance – certains peuvent être trop petits pour que cela vaille le coup. Comme normalement vous faites appel à cette solution quand vous trouvez que cela pèse trop lourd pour vos frêles épaules, on a plutôt tendance à rallonger les plus courts qu'à faire l'inverse. Cela a effectivement pour effet de diminuer les mensualités qui leur sont relatives : rembourser 1 000 sur 10 ans fait 100 par an, alors que sur 20 ans, ça ne fait plus que 50 par an[15] (mais ça fait toujours 1 000). Donc, certes, vous payez moins par mois, mais pendant plus longtemps... Là-dessus, vous vous doutez bien que le taux d'intérêt ne va pas rester le même. La règle, nous l'avons vu, c'est que plus c'est long, plus c'est cher... ce qui n'est *a priori* pas ce que vous cherchiez initialement. Là où cela peut quand même jouer en votre faveur, c'est que la question du taux est intégralement réétudiée – ne serait-ce que parce que votre prêteur n'est plus la même personne. Ses critères ne sont pas les mêmes que ceux des précédents. D'un côté, votre statut de « regroupeur » de crédits ne redore pas votre blason d'emprunteur. De l'autre, la garantie de votre prêt immobilier – votre maison... – peut également servir à couvrir tous les autres crédits,

14. Voir le chapitre dédié, page 91 et suivantes.

15. Je schématise ici pour illustrer mon propos. Il va de soi qu'on ne rembourse pas le même montant de capital d'une mensualité à l'autre, comme vous le savez pour avoir lu le chapitre qui en parlait (page 56 et suivantes).

puisque vous n'en avez plus qu'un, ce qui joue en votre faveur. Si vous ne tenez pas trop à votre maison.

Ceci étant dit, il y a quand même un cas où, de fait, cela peut être une bonne affaire. Les taux qui vous ont été appliqués au cours de vos précédents crédits dépendaient très fortement de l'environnement économique du moment (de chacun). Ces conditions peuvent avoir évolué dans le bon sens pour vous. En l'occurrence, et nous l'avons vu ces dernières années[16], les taux ont tellement baissé que si vous refaisiez exactement les mêmes opérations – les mêmes crédits pour la maison, la voiture, la... télé (sérieusement ?, la télé ?), cela vous coûterait nettement moins cher qu'à l'époque. Dans ce cas, la baisse globale du taux d'intérêt n'est absolument pas due au regroupement de vos crédits *per se*, mais à leur renégociation dans un contexte économique beaucoup plus favorable aux emprunteurs. Il va de soi que des taux qui remontent provoquent le phénomène inverse. Quoi qu'il en soit, n'oubliez donc jamais de vérifier le TAEG de votre nouveau crédit, et, euh... mollo sur les dépenses...

16. Nous sommes en 2016.

ÉPARGNER/PLACER SON ARGENT

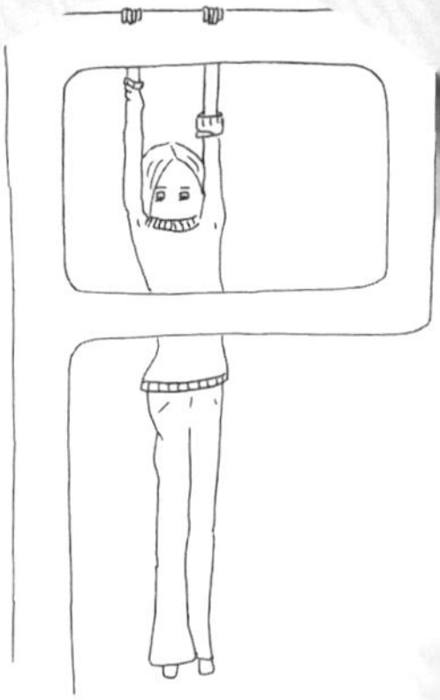

Le PEL : plein de pépettes pour mon palais !

On a plein de raisons de vouloir épargner, à commencer par l'achat de son logement. Compte tenu du prix d'une maison et de l'argent que vous pouvez mettre de côté tous les mois, vous avez dû vous rendre compte qu'il y avait comme un hic, et que le moment venu vous n'aurez pas d'autre choix que de faire appel à une aide extérieure (en général, un banquier). Vous commencez donc à mettre de l'argent de côté pour vous constituer l'apport qu'on vous demandera lorsque vous voudrez un crédit. Vous pouvez le faire dans votre coin ; ou vous pouvez ouvrir un Plan Épargne Logement – un PEL.

Que vous mettiez vos sous sur un PEL ou sur un compte épargne « lambda », ça ne change pas grand-chose pour vous. Il y a quand même quelques petites subtilités, à commencer par le fait que le PEL a une durée de vie limitée et que ses anniversaires sont très importants pour ceux qui veulent en tirer le maximum. À condition de viser juste, le fait d'avoir épargné sur un PEL, plutôt que sur un compte épargne classique, vous donnera la possibilité de demander un « prêt épargne logement ». Ce prêt est destiné à l'acquisition, voire à la réfection d'un bien immobilier (et pas à autre chose !).

Avant d'aller plus loin, j'attire votre attention sur le fait que les mots « prêt » et « plan » commençant par la même lettre[17], il faut faire attention à ne pas les confondre.

17. Euh... le P.

Le « **Plan** Épargne Logement » (PEL) désigne le compte sur lequel vous mettez votre argent.
Le **prêt** (épargne logement) désigne le crédit immobilier que vous pourrez demander... si vous avez un PEL, et si vous le voulez.
Bref, le prêt (épargne logement) est en général la carotte avec laquelle nous appâtent les banquiers quand ils espèrent nous voir ouvrir un PEL.
Le deal est simple : vous épargnez minimum 540 euros par an, lesquels seront rémunérés à 1,5 % (moins les prélèvements sociaux... mais sans impôt sur le revenu, ce qui est déjà ça).
Au bout de 4 ans, vous aurez droit à ce fameux prêt, qui ne pourra pas excéder 92 000 euros. Vous pourrez bénéficier d'un prêt dont le taux d'intérêts (que vous paierez, cette fois-ci) sera de 2,70 % (c'est bien, mais pas top).
Plus vous aurez économisé, plus vous aurez droit à un prêt important. Pour connaître le montant et les mensualités, il suffit de consulter son relevé – ligne « **droits** (ou **Intérêts**) **acquis »,** et de se reporter au « barème des prêts » (dernière page de votre contrat). Tout y est expliqué.
Au terme de ces 4 ans, vous verrez également apparaître une ligne, dite des « **droits à prime** »... Il faut savoir que le PEL est un compte épargne un peu particulier en cela qu'il ne concerne pas que vous et votre banquier mais également l'État (carrément). Ce dernier s'est engagé à rajouter au pot si vous décidez de faire un prêt (épargne logement) à la fin de votre PEL, à condition que votre prêt soit d'au moins 5 000 euros.
En l'occurrence, vous pourrez recevoir une « Prime d'État » correspondant à, je cite, « 50 % des intérêts acquis à la date du terme de votre PEL ». Traduction : si votre banque vous a versé 1 000 euros d'intérêts depuis l'ouverture de votre PEL, la prime d'État sera de (1 000 × 0,5 =) 500 euros ! Plus vous mettrez d'argent sur votre PEL, plus votre banque vous versera d'intérêts, et donc plus la prime d'État sera importante... En toute logique, ce dernier a préféré limiter les dégâts et plafonner le montant du PEL à 61 200 euros. Juste histoire de ne pas avoir à verser de prime astronomique à un petit malin qui aurait été tenté de mettre ses millions d'économies dans un PEL.
Une idée reçue tenace voudrait que votre argent soit bloqué dans le PEL pendant toute la durée de votre engagement. Il n'en est rien ; vous avez parfaitement le droit de le retirer et de l'utiliser comme bon vous semble.
L'argent du **prêt** épargne logement doit être utilisé pour un logement,

mais l'argent du **PEL** est à vous, vous en faites ce que vous voulez. Bien sûr, cela ne se fera pas sans conséquence.
L'engagement dont il est question dans un PEL est du type : « si vous faites ceci, je fais cela ». Si vous faites la cuisine, je mets la table. La seule personne véritablement « engagée » dans cette histoire, c'est le banquier. Tant que vous faites la cuisine, il doit tenir sa parole et aligner les assiettes. Vous pouvez tout à fait commencer à faire chauffer l'eau, puis décider finalement de ranger la casserole ; comme vous n'aurez pas fait la cuisine, il ne mettra pas la table, et vous vous quitterez bons amis. Autrement dit, pour un PEL, si vous mettez 540 euros minimum sur votre compte pan an pendant au moins 4 ans, vous pourrez demander à bénéficier à plein du package « rémunération "intéressante" + prêt épargne logement + prime d'État ».
Sinon, non. Si vous arrêtez tout avant d'avoir fêté le 3e anniversaire de votre PEL, vous n'aurez pas droit au prêt (épargne logement), vous ne passerez pas par la case départ, et vous ne toucherez pas la prime d'État. Accessoirement, on pourra vous reprendre aussi une partie des intérêts que vous avez perçus, surtout si vous n'avez pas tenu 2 ans, auquel cas on considère qu'en fait vous ne vouliez pas un PEL, mais un CEL (dont la rémunération plafonne à 0,5 % par an, comme détaillé page suivante). La situation est plus floue pour ceux qui craqueraient entre le 3e et le 4e anniversaire : pour les intérêts, c'est bon, mais les droits à prêt et prime sont « réduits ».
De même, si vous traînez en longueur et n'avez toujours pas trouvé le château de vos rêves au bout de dix ans, vous ne pourrez plus verser d'argent sur votre PEL. Il continuera à exister (et à générer des intérêts) pendant encore 5 ans, au bout desquels il se transformera tout seul en compte épargne lambda...

Pour briller dans les dîners :

Le CEL (Compte Épargne Logement) fonctionne comme un PEL en plus petit : il est plafonné à 15 300 euros, il ne peut pas y avoir moins de 300 euros dessus, et ils doivent y rester au minimum 18 mois pour avoir droit au prêt. En ce moment, le CEL est rémunéré à hauteur de 0,50 %. Le prêt lié à un CEL est au maximum de 23 000 euros.

Vous avez le droit d'avoir un PEL et un CEL tant que c'est dans la même banque, et jouer sur les deux tableaux pour obtenir un prêt (épargne logement) des deux côtés… mais la somme des deux prêts ne pourra pas excéder 92 000 euros (le maximum que vous auriez eu si vous n'aviez qu'un PEL). L'un dans l'autre, et vu la rémunération maigrichonne du CEL, autant blinder votre PEL.

Attention ! Les montants et taux d'intérêts indiqués dans ce chapitre sont ceux applicables aux PEL ouverts à partir du 1er février 2016. Ils sont fixés par le Ministère des Finances et ont la fâcheuse manie de varier selon les années. À titre d'information, les intérêts du PEL (les intérêts que vous recevrez) sont de 1,5 % pour tous les PEL ouverts après le 1er février 2016, mais étaient de 2 % pour les PEL ouverts entre le 1er février 2015 et le 31 janvier 2016, et de 2,5 % pour ceux d'avant.

Les intérêts du prêt épargne logement (les intérêts que vous paierez) sont à 2,70 %. Ils étaient à 3,20 % pour les PEL ouverts entre le 1er février 2015 et le 31 janvier 2016, et à 4,20 % pour les PEL ouverts avant le 1er février 2015.

Même topo pour la Prime d'État qui n'est plus que de 40 % (contre 50 % maintenant) si votre PEL est né avant le 1er février 2015.

N'hésitez pas à consulter vosdroits.service-public.fr pour en savoir plus.

Vous pouvez parfaitement demander un prêt « normal » en plus du prêt épargne logement, celui-ci étant d'un montant limité (avec 92 000 euros, vous ne pourrez rien acheter d'autre à Paris qu'une place de parking).

Codevi, Livret A, le B.A.-BA de l'épargne

Grosso modo, on peut considérer qu'il existe deux types d'épargne. D'un côté, on a l'épargne dédiée à un projet bien précis (acheter un appartement dans dix ans, préparer sa retraite) ; les objectifs sont clairement définis, il ne reste plus qu'à trouver le support le plus adapté parmi la multitude de produits qui vous sont proposés.

De l'autre, on a l'épargne « fourre-tout ». Celle qui vous sert quand vous arrivez à mettre de l'argent de côté pour « plus tard », sans forcément bien savoir quand ou à quoi elle va vous servir. Vous pouvez avoir une vague idée – un tour du monde pour les aventuriers, un nouveau lave-vaisselle pour les pragmatiques. Vous pouvez changer de rêve entre-temps, l'épargne fourre-tout est là pour ça. Le Livret A (également nommé « Livret Bleu » par certaines banques) et le Livret Développement Durable (autrefois connu sous le nom de « Codevi ») sont les plus connus de ces produits et les plus populaires car ils bénéficient de la publicité du gouvernement.

Vous y placez l'argent que vous voulez[18] et vous le retirez quand vous en avez envie. C'est ce qu'on désigne souvent sous le terme d'épargne « à

18. Un minimum de 15 euros est souvent exigé par la banque, histoire de ne pas travailler pour rien. 15 euros à 0,75 %, ça fait 11,3 centimes par an. Je sais bien qu'il n'y a pas de petit profit mais là, franchement, ça ne vaut pas le déplacement.

vue » (ce qui suppose que vous ne voyez pas bien loin) par opposition à l'épargne dite « à terme » (sous-entendu à *plus long* terme).

Vous pouvez même avoir une carte de retrait – pour le distributeur automatique de la banque où est votre livret, pas pour payer en direct dans un magasin. Avouez qu'on peut difficilement faire plus conciliant. Comme on ne peut pas avoir le beurre et l'argent du beurre, la contrepartie est qu'ils ne vous offriront jamais des rendements exceptionnels (0,75 % en ce moment[19]). Ceci dit, c'est toujours mieux que de laisser votre argent dormir sur votre compte chèque où, pour le coup, il ne rapporte rien à personne, en tout cas pas à vous.

Non seulement les taux d'intérêts ne sont pas top, mais ils varient en plus selon le bon vouloir de l'État, qui est chargé de décider de leur niveau. Leur seul vrai point fort est qu'ils sont garantis par l'État et que vous ne payez pas d'impôts sur le revenu ni n'avez de prélèvements sociaux dessus (ils sont « nets »). Inutile donc de faire le tour des banques pour trouver le meilleur Livret A ou Développement Durable, ce sont tous les mêmes. Le Livret A est plafonné à 22 950 euros, et le Livret Développement Durable à 12 000 euros. Une fois ces plafonds atteints, vous ne pouvez plus faire de virement dessus et devez trouver une autre idée. Vous ne pouvez pas en ouvrir un second, car le gouvernement a l'air de penser que ces produits sont tellement extraordinaires qu'il faut les limiter à un par personne. Si vous êtes à court d'idées, demandez à votre banquier, lui en a plein pour vous !

Pour vous dire le fond de ma pensée que vous aviez certainement déjà devinée, ce ne sont pas des produits hypra-funky. À la rigueur, ils nous donnent l'occasion de discuter un peu du calcul des intérêts. Sur ces livrets, les intérêts sont calculés par quinzaines (de jours), et capitalisés en fin d'année.

En français, cela signifie que la banque saucissonne l'année en paquets de plus ou moins « 15 jours » selon les mois et calcule les intérêts qu'elle vous doit en fonction de ce qu'il y avait sur le compte à la fin de la quinzaine précédente. Par exemple, pour savoir combien elle doit vous payer pour les quinze premiers jours d'avril, elle regardera combien vous aviez investi le 31 mars. Ce qui arrive après ne compte pas pour cette quinzaine-ci et devra attendre la suivante pour être comptabilisé.

19. 2016.

L'argent déposé entre le 1er et le 15 avril commencera à « travailler » pour vous (à générer des intérêts) à partir du 16, pas avant. Inutile donc de vous ruer le 2 pour grappiller quelques centimes d'intérêts, ça ne changera rien.
De même, ce que vous retirez de votre livret s'arrête de travailler pour vous à la fin de la quinzaine précédente. Si le retrait a lieu le 2 avril, la quinzaine précédente se terminait le 31 mars ; si vous vous êtes précipité le 30 mars, la quinzaine précédente se terminait le... 15 mars.
Vous comprenez que vous avez stratégiquement intérêt (sans jeu de mots) à faire vos versements juste avant le 1er, ou juste avant le 16 plutôt que le 2 ou le 17 du mois. Et à retirer vos sous juste après.
Quant à la notion de capitalisation des intérêts en fin d'année, cela signifie que vous commencerez à toucher des intérêts, sur ces intérêts, à partir de l'année suivante... et c'est le sujet du chapitre suivant !

Pour briller dans les dîners :

Les plafonds de votre Livret A et de votre Livret Développement Durable peuvent dépasser les montants indiqués seulement du fait des intérêts qui continuent à les rémunérer.

Il existe un troisième livret, le LEP (Livret d'Épargne Populaire) destiné aux, je cite, « personnes disposant de revenus modestes » (maximum 19 255 euros de revenus annuels pour une personne en 2016). Son fonctionnement est le même que pour les livrets A-Bleu-Développement Durable, mais son plafond est encore plus bas (7 700 euros) et sa rémunération est, toujours en 2016, de 1,25 % par an.

La capitalisation des intérêts : quand votre argent fait des petits.

Au risque de gâcher le suspense en dévoilant la chute de l'histoire, je préfère vous prévenir dès le début : la capitalisation des intérêts, c'est bien (tant que c'est vous qui percevez les intérêts).
C'est un concept très important parce que vous en entendrez parler régulièrement. On pourrait l'illustrer de mille et une façons mais, tant qu'à faire, autant se servir de l'exemple du livret A puisque le sujet vient d'être abordé.
Deux choses peuvent avoir l'air d'être totalement identiques sans l'être en réalité. Certains polyesters sont d'excellentes imitations de la soie et, à moins d'être des experts de l'étiquette, c'est à s'y méprendre. Pour l'argent, c'est pareil. Rien ne ressemble *a priori* plus à un euro qu'un autre euro. Ce n'est pourtant pas toujours le cas, en particulier dans les comptes épargne où cohabitent les euros que vous avez déposés (le capital investi) et les euros qui sont la récompense de cet effort (les intérêts payés par la banque).
Ça n'a l'air de rien, dit comme ça, mais je vous assure que ce point est très important pour les banques, qui ont une excellente raison de faire la différence entre les deux : plus le montant du capital investi est élevé, plus les intérêts qu'elles paient le sont. Elles font donc extrêmement attention à ce détail qui n'en est pas un.
Reprenons le cas du Livret A. Pour ceux qui auraient déjà oublié le sujet du chapitre précédent et qui auraient la flemme de le relire, je vous rappelle que sur ce type de produit, les intérêts sont calculés par quinzaines et, c'est notre sujet, **capitalisés** en fin d'année. Il y a plus de chiffres

que d'habitude dans ce chapitre, mais avant de vous braquer, sachez que la plupart sont des dates (donner une date sans donner de chiffre relève de l'exploit insurmontable pour moi) et que les autres ne sont là que pour rendre l'exemple concret. Si vraiment vous faites un rejet, concentrez-vous sur les ordres de grandeur.

Nous sommes le 1er janvier (de n'importe quelle année) et vous avez 10 000 euros sur votre livret à 0,75 % taux annuel. Si vous n'y touchez pas, vous pouvez espérer gagner la somme incroyable de 75 euros par an – soit environ 3,13 euros par quinzaine[20]).

Tous les quinze jours ou à peu près, la banque va faire son petit calcul, et tous les quinze jours elle va tomber sur le même résultat époustouflant. Au fur et à mesure que les quinzaines et les mois vont s'égrainer, le montant de votre livret va progresser : de 10 000 euros au 1er janvier, il va passer à 10 003,13 euros quinze jours plus tard (10 000 euros de capital + 3,125 euros d'intérêts, le tout arrondi), puis à 10 006,25 euros quinze jours après (+ 3,125 euros d'intérêts), etc. Bref, je vous fais grâce des calculs pour les 22 autres quinzaines de l'année (vous ajoutez 3,125 à chaque fois). Le 31 décembre, vous atteindrez enfin le Graal : votre relevé indiquera un solde de 10 075 euros (10 000 euros de capital + 75 euros d'intérêts), selon le principe exposé plus haut.

Mais, mais, mais... diront les plus matheux d'entre vous. Si le montant sur mon livret augmente au fur et à mesure, pourquoi est-ce que les intérêts restent les mêmes d'un mois sur l'autre ? Bien vu. C'est très exactement le sujet de ce chapitre. Vous vous rappelez cette distinction que je faisais au début entre les « euros du capital » et les « euros des intérêts » ? Tant que ceux-ci sont étiquetés « intérêts », ils ne sont pas pris en compte par la banque. Oui, le montant de votre livret augmente, mais pas le capital investi, qui n'a pas bougé d'un iota : 10 000 euros au 1er janvier, 10 000 euros au 16 janvier, 10 000 euros au 1er février... Et comme par un fait exprès, la banque calcule les intérêts à partir du capital, pas à partir du montant du livret. Le capital restant le même, les intérêts ne changent pas. Jusqu'au 31 décembre où, dans un geste de générosité suprême, la banque met un terme à cette discrimination. Tous les euros « intérêts » sont transformés en euros « capital » : ils sont capitalisés.

---

20. 10 000 euros × 0,75 % = 75 euros par an ; 75 euros / 24 (12 mois par an, 2 quinzaines par mois, soit 24 « quinzaines » par an) = 3,125 euros par quinzaine. Dans l'autre sens : 3,125 euros × 24 quinzaines = 75 euros.

Cela n'a l'air de rien mais cela signifie que le 1er janvier de l'année suivante, votre capital investi n'est plus de 10 000 mais de 10 075 euros qui, placés à 0,75 %, vous rapporteront 75,56 euros l'année qui vient[21]. 56 centimes de plus que l'année passée. Je vous l'accorde, la différence n'est pas flagrante, mais 1/ Ceci n'est qu'un exemple, 2/ Si j'avais utilisé des montants plus élevés, vous les auriez trouvés trop gros et trop impressionnants. Et 3/ Je ne peux pas faire de miracle non plus : ce n'est pas de ma faute si le Livret A n'a qu'un rendement de 0,75 % par an. Comment voulez-vous atteindre des sommets avec des taux pareils ? Enfin bref...

Pour briller dans les dîners :

Dans la mesure où la capitalisation des intérêts permet de faire grossir le montant à partir duquel sont calculés les intérêts suivants (le « capital investi »), vous devinez sûrement que plus la capitalisation est fréquente, mieux c'est.

Dans notre exemple, si les intérêts étaient capitalisés tous les 15 jours – et non pas tous les ans – cela signifierait que très rapidement (15 jours après le début de l'expérience, pour être précis), les intérêts ne seraient plus de 3,125 euros, mais de 3,1259 euros (oui, je sais...). Au lieu d'être calculés à partir de 10 000 euros investis, ils le seraient à partir de 10 003,13. Ce qui, nous sommes d'accord, n'est peut-être pas transcendant à ce stade de la démonstration.

En revanche, et en continuant d'appliquer ce petit truc jusqu'au bout, vous ne termineriez pas l'année avec 10 075 euros (10 000 euros investis + 75 euros d'intérêts), mais avec 10 075,27 (10 000 euros investis + 75,27 euros d'intérêts). Le taux ne serait donc pas de 0,75 % mais en réalité de 0,7527 %. Ce qui est mieux si c'est vous qui gagnez l'argent. Mais toujours pas transcendant.

Si cela vous amuse, vous pouvez faire l'opération vous-même avec toutes les fréquences de capitalisation possibles grâce à l'opération[22] :

Taux Effectif Annuel (vrai taux) = (1 + (taux annuel annoncé) / (nombre de périodes de capitalisation dans l'année)) ^ (nombre de périodes de capitalisation dans l'année) – 1

Soit : $(1 + 0{,}75\ \% / 24)^{24} - 1 = 0{,}7527\ \%$.

---

21. 10 075 euros × 0,75 % = 75,56 euros.

22. Le signe ^ signifie exposant.

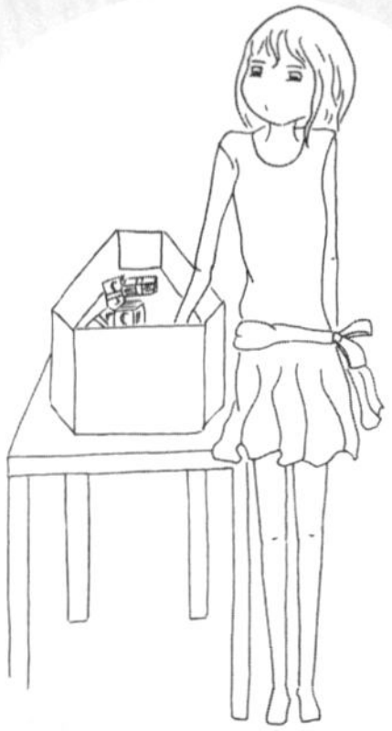

L'Assurance Vie – La Mal Nommée

S'il y a un produit qui porte mal son nom, c'est bien l'Assurance Vie. Quand on pense assurance, on pense protection. Si vous avez un accident de voiture, votre assurance (auto) couvrira les frais occasionnés, ce qui vous permettra de vous racheter une autre voiture (ou à peu près), voire de vous en faire prêter une le temps que les choses se règlent. La condition *sine qua none* pour que vous « récupériez » ce que vous avez payé en primes d'assurance est que ayez un pépin.
Ce qui est bien avec l'Assurance Vie, c'est que vous n'avez pas besoin de mourir pour récupérer votre argent. Vous pouvez, mais ce n'est pas obligatoire. Notez d'ailleurs à ce sujet que, contrairement à l'assurance habitation qui vous permet de faire les travaux et de récupérer un logement « comme neuf », l'Assurance Vie ne vous promet nullement d'arranger le problème (à vous de choisir la religion qui pourrait vous aider à le solutionner). Ce ne sera alors pas vous qui récupérez l'argent, mais vos héritiers. Ce détail mis à part, et si l'envie de vivre vous taraude, vous pouvez considérer l'Assurance Vie comme un support de placement comme un autre. À en croire les statistiques, vous pouvez même le considérer comme l'un de vos préférés.
Vous avez le choix entre l'Assurance Vie « **en euros** » ou « **en Unités de Compte** » ; choix très personnel et d'ailleurs nullement restrictif. Vous pouvez opter pour une partie « en euros » et une autre en « Unités de Compte ». Rien ne vous empêche de multiplier les supports

d'investissement et donc de choisir l'Assurance Vie multisupports. Encore faut-il savoir de quoi il retourne.
Comme en général votre banquier vous affirme que celle « en euros » est plus sûre, vous optez souvent pour celle-ci et vous dépêchez de chasser de votre pensée que vous ne l'avez choisie que parce que vous n'avez pas franchement compris ce qu'était l'autre. En cela, vous avez raison. La règle de base en finance est qu'il ne faut jamais investir dans un produit qu'on ne comprend pas.
Je vais peut-être briser un mythe, mais dans un cas (« en euros ») comme dans l'autre (« en Unités de Compte »), l'argent que vous investissez est placé dans des fonds. Dites-vous bien que si ce n'était pas le cas, cela ne rapporterait rien.
Choisir une Assurance Vie « en euros », c'est opter pour le fonctionnement de « la retraite à la française ». Vous savez combien vous mettez dedans (vos cotisations), et l'État se charge de placer l'argent pour arriver à un niveau quasi convenu d'avance (quasi, parce que ça a l'air de pas mal bouger et qui sait ce que nous aurons effectivement quand ce sera notre tour). Vous ne donnez pas votre opinion à l'État quant aux fonds dans lesquels il pense qu'il est judicieux d'investir, c'est à lui de se débrouiller. Pour l'Assurance Vie « en euros », vous laissez faire votre banquier-assureur, vous n'avez pas à lui dire comment il doit placer vos « euros ». En général, il le met dans des valeurs jugées peu risquées, même si tout est relatif, et dont la valeur à l'échéance est connue, mais pas que... Maintenant, vous n'avez pas voulu mettre les mains dans le cambouis, vous lui foutez la paix et vous le laissez faire son travail. En contrepartie, votre capital est assuré (par un assureur, pas par l'État), et ce que vous avez gagné sur l'année vous est acquis.
Ceux qui préfèrent garder la main choisiront plutôt l'Assurance Vie en « Unités de Compte ». Vous payez toujours avec des euros (la devise officielle du pays), mais vous pouvez sélectionner les fonds dans lesquels votre argent sera placé. Comme c'est vous qui avez décidé, votre banquier et l'assureur ne vous garantissent nullement le résultat. Ils vous promettent juste que, si vous commencez avec 10 parts du fonds « Super Génial » et 15 du fonds « Méga Riche », vous aurez toujours 10 « Super Génial (Géniaux ?) » et 15 « Méga Riche(s ?) » du début à la fin. Cela n'a rien d'exceptionnel, me direz-vous. C'est toujours le cas quand vous investissez dans un fonds de placement (Assurance Vie ou pas) : votre banque ne vous promet rien quant à ce que vous allez gagner, mais vos

parts de fonds ne vont pas disparaître (sauf si la banque disparaît... mais ça n'arrive jamais... quoique...). Alors quel est l'intérêt de choisir une Assurance Vie en Unités de Compte plutôt que de faire ses petites affaires tout seul ? Tout simplement de profiter de l'avantage principal de l'Assurance Vie : sa fiscalité avantageuse par rapport à un simple support (toujours taxé plein pot).

Si vous décidez de récupérer une partie de votre argent de votre vivant (en langage technique : faire un rachat), vous serez imposé sur la « plus-value » réalisée (la différence entre ce que vous avez à la fin et ce que vous aviez mis au début[23]), mais pas sur sa totalité. En fonction de votre situation personnelle (célibataire ou en couple), et de la date à laquelle vous avez versé l'argent que vous voulez retirer, vous aurez droit à un abattement (4 600 euros pour une personne seule, 9 200 euros pour un couple[24]). En d'autres termes, si votre plus-value est pile de 4 600 euros ou moins, vous n'aurez pas d'impôt (sur le revenu) à payer. Si elle est de plus, disons 5 000 euros, vous paierez des impôts sur le solde (soit sur 5 000 – 4 600 = 400 euros).

L'autre bonne nouvelle est que vous pouvez payer ces impôts sous forme de « forfait » et non pas au taux auquel vous êtes aligné pour vos « vrais » revenus. Pour peu que votre Assurance Vie soit suffisamment vieille (plus de 8 ans), ce forfait (dit « libératoire ») peut n'être que de 7,5 % (contre 35 % si elle a moins de 4 ans et 15 % si elle a entre 4 et 8 ans). Avouez que ça fait envie, un taux d'imposition de 7,5 %...

Notez que vous n'échapperez pas aux prélèvements et autres contributions sociales (du genre CSG-CRDS), qui sont inévitables.

Si vous n'avez pas l'intention de récupérer vos sous mais souhaitez transmettre votre capital à quelqu'un, celui-ci sera soumis à des droits de succession adoucis fonction de l'âge du capitaine. L'abattement est de 30 500 euros sur les cotisations que vous avez versées après vos 70 ans, et de 152 500 euros pour celles que vous avez faites avant. Le montant de l'abattement correspond à celui sur lequel votre héritier (le bénéficiaire du contrat) n'aura pas à payer de droit de succession.

---

23. Vous achetez une part du fonds « Super Génial » à 100 euros et la revendez plus tard à 120 euros, la plus-value est de 20 euros (120 – 100).

24. Attention, les montants, les durées et les pourcentages étant fixés par l'État, ils peuvent varier avec le temps.

Livret Garanti : il est beau mon livret, il est beau !

La publicité requiert un talent particulier dont toutes les agences ne sont pas dotées. Surtout quand il s'agit de faire la promotion de produits financiers – par définition, rébarbatifs. Sur la plupart d'entre elles, on voit de (faux) clients aussi hystériques que s'ils venaient de gagner au Loto qui découvrent que la banque Bidule propose un livret garanti à 5 % pendant 1 an.

Personnellement, ces publicités me rappellent mon frère qui, alors tout jeune enfant et bien décidé à partager son excitation devant ses cadeaux de Noël, a été immortalisé par nos parents en train de hurler de joie « Oh ! des piiiiles ». Le truc, c'est que lui a eu la voiture télécommandée qui allait avec (et qu'il avait 5 ans). Alors que vous, si vous placez 1 000 euros pendant 1 an à 5 % garantis, vous avez gagné 50 euros. Deux cinés-McDo. Youpi. Si ce n'est garanti que pendant 3 mois, ça fait 12,5 euros (50 euros divisés par 4, puisqu'il y a 4 fois 3 mois dans une année), c'est-à-dire de quoi vous offrir un ciné (deux, si vous y allez à la séance de 11 heures). Si en plus il est « brut » comme celui proposé ici, vous allez devoir déduire les taxes et autres impôts que l'État va prélever dessus (et bim ! – 15,5 % de contributions sociales[25]...) ainsi que d'éventuels frais de gestion (bien lire le contrat, ce n'est pas toujours le cas). Quoi qu'il en

25. CSG, CRDS, prélèvement social, contribution additionnelle, prélèvement de solidarité.

soit, vous pouvez oublier le pop-corn, ce qui est une bonne chose puisque cela fait grossir.
D'autant qu'une fois la période « garantie » passée, vous ne savez pas à quelle sauce vous allez être mangé (vous ou vos économies, en l'occurrence). Ils mettent quoi d'ailleurs dans le contrat ?
Alors, au hasard, j'en prends un : « *Ensuite* (sous-entendu, une fois cette période bénie passée), *je bénéficie de l'un des meilleurs taux standard du marché, soit 1,90 % annuel brut ++* ». Les astérisques ne sont pas de moi, elles sont insérées telle quelle sur le site d'information d'où j'ai extrait cette phrase et font référence à la note en bas de page : « ++ *Taux standard du livret épargne "Nom de la banque", susceptible d'être révisé à tout moment par la Banque* ». L'un des meilleurs taux standards du marché ! On dirait une publicité pour une crème antirides tellement c'est flou ! Est-ce que quelqu'un pourrait me dire ce qu'est un « taux standard » ? Perso, je ne vois pas.
En tout cas, il a pris un sacré coup, ce taux, dites-moi ! Il est passé de 5 % à 1,90 %, toujours en annuel bien sûr. Et toujours en brut. Ceux qui pensent à aller lire l'astérisque comprennent aussi que ce taux de 1,90 % n'est, quant à lui, pas garanti puisqu'il est « susceptible d'être révisé à tout moment ». En gros, en ce moment, le meilleur taux dont bénéficient ceux qui ont signé il y a trois mois est de 1,90 % (pour vous, on verra dans 3 mois) !
Là, tout de suite, on sent bien que c'est beaucoup moins, même si le calcul mental devient un peu plus dur... Allez, je vous aide : sur les 9 mois qui vous restent dans l'année, vous auriez droit à 14,25 euros d'intérêts.
Je récapitule : vous toucheriez d'abord 12,5 euros sur les trois premiers mois, puis 14,25 euros sur les neuf autres, soit 26,75 euros d'intérêts sur 1 000 euros placés pendant un an. Le taux serait donc de 2,68 % pendant l'année (26,75 divisés par 1 000). Ce n'est ni bon, ni mauvais, c'est la **réalité**.
Je n'ai rien contre une période pendant laquelle on booste un peu le taux. Tant que ça va dans l'intérêt du client, au contraire, je trouve que toute initiative est bonne à prendre. Mais ils me donnent le tournis à sauter de joie comme ça dans tous les sens.
Et franchement, pourquoi ne pas tout simplement dire la vérité ? On n'est pas en train de parler de shampoing. On ne va pas vous offrir deux flacons pour le prix d'un ! On vous parle d'argent, de vos économies et de votre petit pactole, celui qui vous permettra de partir, ou pas, pour les vacances de vos rêves. Si vous comptiez sur cette proposition alléchante pour vous

offrir un petit voyage cet été, sachez que vous ne pouvez même pas vous payer le taxi pour l'aéroport, à moins d'habiter en bout de piste de Roissy. Vous allez me dire que je m'égare, mais cela me fait rudement penser à ce prestataire de services audiovisuels qui fait régulièrement des offres promotionnelles sur le ton de « 12 euros par mois pendant un an puis 39,90 euros ». Là encore, avant de vous ruer sur votre téléphone pour saisir l'opportunité d'une centaine de chaînes de télé pour (12 euros × 12 mois =) 124 euros pendant un an, lisez les petites lignes en bas ! Qui vous disent que la première année, vous allez payer 265 euros.

Et oui ! Le tarif annoncé n'inclut bizarrement pas ce qu'ils appellent les « frais d'accès » (je ne sais pas à quoi cela correspond, je ne suis pas experte dans le domaine technique), ni les « coûts liés au matériel de réception satellite » de 6 euros par mois (5 le premier mois, ils vous offrent un euro comme cadeau de bienvenue...). Je vous fais grâce du dépôt de garantie (75 euros qui vous seront rendus si vous ne jetez pas ledit matériel contre le mur).

Au fait ! Les années suivantes vous n'allez pas non plus payer (39,90 euros x 12 mois =) 479 euros, mais bel et bien 551 euros (toujours la location du décodeur à 6 euros par mois...).

Pour la énième fois : lisez les petites lignes ! Et réfléchissez.

Notez que :

Je me suis servie d'informations publicitaires disponibles sur Internet pour ces exemples. Ces offres existaient bien au moment de la rédaction de ce chapitre, mais je précise qu'il ne s'agit pas d'une cabale contre une société en particulier.

Pour briller dans les dîners :

Les Livrets Garantis sont souvent désignés par la catégorie « Livret B » (la logique voulant qu'ils suivent le Livret A, normalement vous voyez tout seul le lien).

Contrairement aux A, et à ce que leurs noms pourraient laisser entendre, les B ne sont absolument pas garantis par l'État.

RELATIONS BANCAIRES

Carton rouge ! Être à découvert...

Être « dans le rouge » : expression typiquement utilisée pour dire qu'on a passé, vers le bas, la barre du zéro sur son compte et ce, à n'importe quel moment du mois... (Je dis ça pour les petits malins qui penseraient que c'est bon tant qu'ils sont au-dessus du zéro sur leurs relevés mensuels...). Ce qui est étrange car, quels que soient les chiffres indiqués, le relevé est toujours en noir et blanc – relevé sur lequel est notamment précisé le niveau de « rouge » que vous êtes autorisé à atteindre (sous le qualificatif « d'autorisation de débit en compte »). Synonyme couramment employé : être « à découvert », même si ce n'est pas toujours strictement exact.
Toutes les banques du monde entier demandent à leurs clients de faire fonctionner leurs comptes en « lignes créditrices ». En français, cela signifie simplement que vous pouvez dépenser tout votre argent, comme vous voulez, tant que le solde de votre compte reste au-dessus de 0. Bien sûr, le banquier étant un être humain particulièrement malin, il sait parfaitement que tout un chacun est susceptible d'être confronté à des dépassements temporaires, et permet donc à la plupart de ses clients de passer dans le rouge plus ou moins fortement et plus ou moins ponctuellement.
Le découvert sert en général à pallier les décalages entre les entrées et les sorties, écarts qui résultent soit d'une gestion laxiste de sa trésorerie, soit d'un besoin inopiné d'une grosse somme d'argent (typiquement au mois de septembre où il faut payer tout ce que les gamins vont dépenser d'ici Noël – assurance du club de foot/rugby de l'aîné, justaucorps de

danse de la cadette[26], livres scolaires,... alors que votre salaire, lui, ne sera versé qu'au fur et à mesure). Voire vous savez que vous allez recevoir 10 millions dans trois mois (la vente des droits de votre best-seller à Hollywood), mais votre proprio préfère que vous lui payiez le loyer maintenant, insensible au fait que vous êtes l'héritier(ère) spirituel(le) de J.K. Rowling[27].

La plupart des banques offrent cette possibilité à leurs clients, mais pas forcément dès l'ouverture de leur compte. Il peut se passer plusieurs mois avant qu'un client très raisonnable ait droit à « son » autorisation de débit en compte, le temps que le banquier se conforte dans l'idée que son client l'est, justement (raisonnable). Est-ce à dire que vous devez être très sage les premiers temps avant de vous lâcher ? Non, pour deux raisons.

La première est que l'idée générale – et vous allez vite comprendre pourquoi – est plutôt qu'il est préférable d'être sage les premiers temps, et les temps d'après aussi. La seconde est que même si vous n'avez pas d'autorisation de débit en compte, vous avez très certainement accès à une « facilité de caisse », qui repose sur les mêmes principes que le découvert (ça s'enclenche à 0, et c'est limité), avec une condition en plus : ça ne doit pas durer trop longtemps. En l'occurrence, ici, 15 jours maximum par mois. Histoire de prouver à votre banquier que vous savez mettre la tête hors de l'eau avant qu'il ne vous laisse nager dans le grand bain.

Alors, croyez-le ou non, mais vous pouvez bien taper dans votre découvert autant et aussi longtemps que vous le voulez, cela n'altérera en rien vos relations avec votre banquier. Qui aura une déplorable image de vous – ce qui, dans l'absolu, n'a finalement aucune importance – et risque de tordre le nez le jour où vous lui demanderez un crédit, mais qui est ravi, pour le moment et pour ne pas dire plus, de vous voir utiliser cette autorisation. En même temps, vu le risque qu'il prend d'un côté (minime : selon toutes probabilités, vous allez rembourser, et au pire, le montant concerné n'est jamais épastrouillant) et ce que celui lui rapporte de l'autre côté...

Car même si votre banquier vous a très officiellement donné l'autorisation d'être en position débitrice sur votre compte, il ne vous a pas fait de cadeau. Il vous a octroyé un crédit, que vous utiliserez ou pas. Cela porte peut-être un autre nom, mais utiliser son découvert (ou sa facilité

---

26. Au temps pour la Théorie du Genre !

27. La maman d'Harry Potter (celle qui l'a inventé, pas sa vraie maman).

de caisse) signifie utiliser de l'argent que vous n'avez pas. Ce n'est pas forcément de « votre » faute, mais c'est le métier de la banque de vous faire payer pour ça. Vous paierez donc des agios (des intérêts, plus des commissions d'intervention) dont le montant va vite vous dégriser, et ce, dès le 1er centime d'euro en dessous de zéro. Chaque banque applique ses propres tarifs, mais pour vous donner un ordre de grandeur, les intérêts naviguent en ce moment autour de 15 % pour votre découvert[28] et les commissions sont de quelques dizaines d'euros. Rien que ça, moi, ça ne me donne vraiment pas envie d'en payer, même si je sais bien qu'on ne choisit pas d'être « dans le rouge ». Il n'en reste pas moins qu'un certain nombre d'entre vous pourrait suivre un peu plus attentivement leurs comptes et éviter cette situation fort dispendieuse... et dangereuse.
Le découvert est une zone tampon entre le « tout va bien » et le « tout va mal », et c'est une zone très étroite. Si vous en êtes à taper dans votre découvert parce que vous gérez votre trésorerie comme une moufle, rien ne dit *a priori* que vous n'allez pas franchir la limite max que votre banquier vous avait fixée. Vous aviez droit à – 250 et vous êtes finalement arrivé à – 500, grâce à la magie de la carte à débit différé. Vous passez alors en « découvert non autorisé ».
Alors autant vous étiez en zone rouge clair dans le cadre de votre découvert, autant là vous passez en zone rouge foncé, où les choses, et vos relations avec votre banquier, vont grandement se détériorer. Déjà, vous risquez de faire un peu la tête quand vous verrez la facture (même topo que précédemment, mais le prix augmente, dans, je cite, « la limite du taux de l'usure » – sous-entendu on ne doit pas en être loin...). Là-dessus, votre banquier vous enverra normalement une lettre dans laquelle il vous remettra en mémoire le montant exact du découvert autorisé, des fois que vous l'auriez bêtement oublié. Puis une seconde, si vous ne réagissiez pas diligemment à la première, voire une troisième. Le tout pouvant conduire à la rupture.
Votre banquier vous plaque.

28. La baisse ahurissante des taux d'intérêts de ces dernières années n'a étrangement pas affecté le moins du monde les taux des découverts.

Quand on a franchi les bornes des limites : Interdit bancaire et Surendettement.

Techniquement, donc, une banque peut vous mettre à la porte. Ce n'est pas une organisation caritative et si votre comportement (bancaire) est trop inconséquent, elle peut effectivement se débarrasser de vous. Elle ne le fera pas du jour au lendemain, mais du jour au 45e. Fidèle à ses habitudes, et à sa passion pour les relations épistolaires, elle vous enverra plein de courriers de remontrances avant de passer à l'acte. Elle devra d'ailleurs vous dire pourquoi elle rompt votre relation.
Ce qui est amusant, c'est qu'une banque peut vous jeter avant même que vous ne soyez client. Vous pouvez lui demander de vous ouvrir un compte, mais elle peut vous faire l'affront de vous refuser cette faveur. Les banques françaises sont des sociétés privées. En tant que banques, leur objectif – clairement affiché – est d'être rentables. Si elles pensent que vous allez leur coûter plus que vous n'allez leur rapporter, elles peuvent ne pas être emballées par l'idée de vous compter parmi leurs clients.
Oui mais... En tant que société française, elles sont soumises à la loi nationale qui stipule que tout un chacun a droit à un compte bancaire. Alors on fait comment ?
On fait appel à un ami, ici, la Banque de France. Soit vous demandez à la banque qui vous jette d'envoyer votre demande (refusée) à la Banque de France, soit vous le faites vous-même. Dans les deux cas, celle-ci obligera « une » banque à vous ouvrir un compte. Ce ne sera pas forcément celle que vous visiez, mais c'est toujours ça.

Une banque n'est pas tenue de vous dire pourquoi elle ne veut pas de vous, mais dites-vous bien que si elle n'était pas chaude pour vous accueillir parmi ses fidèles, c'est que votre historique n'est pas glorieux. Le plus probable est qu'elle vous connaît parce que votre nom est enregistré dans le grand fichier de la Banque de France, catégorie « Interdits bancaires » ou pire, dans celle des « Surendettés ».

Contrairement au surendettement, sur lequel nous revenons juste après, dans lequel on s'enlise pendant plusieurs mois, voire plusieurs années, avant d'appeler à l'aide, l'interdiction bancaire est beaucoup plus fréquente et prend souvent ses victimes par surprise...

C'est affligeant, mais il suffit d'un chèque. Impayé. Soit parce que vous ne faites pas vos comptes, soit parce que vous vous êtes trompé dans le calcul, il n'y a pas assez d'argent sur votre compte pour le payer et vous avez atteint le plafond de votre découvert. Bref, votre banque le rejette. Manque d'anticipation ou simple étourderie, le résultat est le même.

Devant un tel incident (sur lequel vous devrez payer des frais – relisez votre convention de compte), votre banquier cherchera normalement à vous prévenir, et je vous conseille de prendre son appel, de réapprovisionner rapidement votre compte et d'inviter le porteur du chèque à le représenter ; cela devrait suffire à régulariser la situation. Si vous êtes injoignable parce qu'au beau milieu d'un trek au Pérou à ce moment-là (histoire vraie), la situation est mal engagée. Vous allez être fiché(e) « interdit bancaire » à la Banque de France.

Être « interdit bancaire » n'est pas à prendre au pied de la lettre. Les « Interdits bancaires » ont toujours le droit de mettre les pieds dans une banque. Pour tout dire, ils vont plus souvent dans leur agence que les autres. Comme on leur retire bon nombre de services fort pratiques (comme le chéquier[29], la carte bancaire sans autorisation ou à débit différé, et pour le découvert, tintin...), ils sont un peu obligés d'aller chercher l'argent à la source... Bonjour l'étiquette « j'ai dix ans et je viens chercher mon argent de poche »... Tout ça pendant cinq ans. C'est long, cinq ans, mais ça l'est moins qu'avant (il n'y a pas si longtemps, cela durait dix ans), et ça l'est surtout moins que le surendettement qui, si on n'y fait rien, ne se résout jamais.

---

29. Les Interdits Bancaires n'ont plus de chéquier « à eux » mais ont droit à deux chèques de banque par mois.

On ne parle plus ici de découvert semi-autorisé et plus ou moins calculé, de décalages de trésorerie et de dépenses irréfléchies mais ponctuelles. Le surendettement, c'est l'incapacité « durable » à rembourser ses dettes personnelles (pas celles de son entreprise). « Durable » signifie que vous n'avez pas l'argent aujourd'hui, que vous ne l'avez plus depuis un bon bout de temps, et que vous ne voyez pas comment vous pourriez l'avoir demain (sauf à gagner au Loto). Une multitude de causes peuvent conduire au surendettement, mais tant qu'on ne fait rien, il n'y en a qu'une conséquence possible : plus le temps passe, plus la situation empire.

Avant de vous retrouver à la rue parce que vous aviez eu la bonne idée de mettre votre maison en garantie de votre prêt immobilier, vous pouvez saisir la Commission de surendettement qui étudiera votre cas pour vous aider à trouver une solution. Contrairement à l'interdiction bancaire qui vous tombe dessus et où personne ne vous demande votre avis, c'est à vous d'aller vous mettre sous la protection de la Commission de surendettement. Bien sûr, il faut être dans une situation extrêmement délicate pour faire appel à elle. Elle ne remboursera pas vos crédits à votre place, et de toute façon ne vous déclarera pas en situation de surendettement si vous devez « juste » vous serrer la ceinture. Ce n'est pas la solution miracle pour effacer des dettes que vous avez ras le bol de payer, mais elle vous encadrera pour vous remettre d'aplomb.

Qu'il s'agisse d'incidents de paiement répétés, de menaces (voire de mise en place concrète) d'interdiction bancaire ou de surendettement, je n'ai toujours qu'un seul conseil à donner : parler avec votre banquier. Même si la situation est objectivement catastrophique, il préférera toujours savoir que vous en avez conscience et que vous cherchez une solution, plutôt que de fuir la réalité. Tous vos problèmes ne disparaîtront pas, mais vous serez déjà un cran au-dessus du trou dans lequel vous vous enfoncez. Vous n'avez rien à perdre à discuter avec lui ; n'espérez pas lui cacher vos problèmes, ils apparaissent automatiquement en rouge sur son écran tous les matins !

Dans cette situation, on s'assied sur son orgueil, et on accepte d'être aidé.

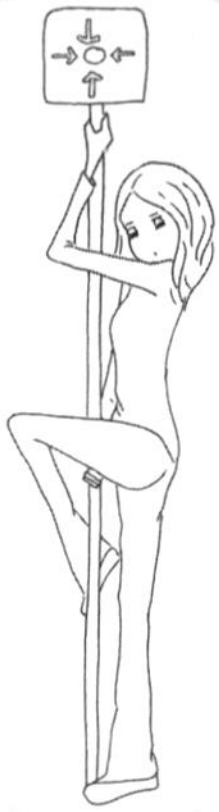

Allô ? Allô ? Ma Banque (est) en ligne.

À première vue, le paysage bancaire ne semble pas beaucoup évoluer. Toujours les mêmes agences, les mêmes enseignes. Certes, certains noms disparaissent, au gré des faillites-rachats et autres opérations de fusion, voire au gré des campagnes de redorage de blason (le Crédit Lyonnais et ses scandales ayant admirablement réussi la performance de se faire oublier derrière le logo LCL). Mais bon, ce n'est pas la révolution non plus.

Quoique... À bien y regarder (les panneaux publicitaires), on note l'apparition depuis plusieurs années de banques dont on ignore totalement où sont les agences. Et pour cause, elles n'en ont pas. Je veux parler bien sûr des « banques en ligne ».

La différence entre une banque traditionnelle et une banque en ligne est, vous l'avez probablement deviné, que la seconde ne possède pas de réseau d'agences dans lesquelles vous pourriez vous rendre. Certaines possèdent des points de rencontres où vous pouvez déposer des chèques si vous ne voulez pas les envoyer par la Poste ou si vous souhaitez boire un café et discuter, mais où vous ne pourrez pas rencontrer votre conseiller attitré. Comme de toute façon je pourrais croiser ma banquière[30] dans la rue sans la reconnaître, je ne pense pas que cela me manquerait particulièrement.

Toutes ces banques sont nées du constat que nous sommes de plus en plus nombreux à réaliser la majeure partie de nos opérations bancaires

---

30. Car non, je ne suis pas ma propre banquière... Ce n'est pas possible !

par Internet, comme des grands, et que nous ne rendons plus visite à notre banquier que contraints et forcés. Dans ces conditions, à quoi bon se payer le luxe d'une agence ?
Parce que c'en est un. Ce n'est pas un hasard si l'argument principalement mis en avant par les enseignes en ligne est le prix, celui-ci étant souvent nul pour les services « de base ». Comment font-elles ? La réponse est simple : leurs agences... Ou plutôt, leurs non-agences.
Une banque en ligne ne déroge pas à la règle qui veut que le prix des services et des produits d'une entreprise dépende largement de ses coûts. En l'occurrence, une banque qui n'a pas d'agence n'a pas à payer ces beaux fauteuils en cuir dans lesquels vous vous asseyez lorsque vous rendez physiquement visite à votre banquier. Si vous voulez un fauteuil en cuir, il faudra vous l'acheter vous-même et le mettre dans votre salon duquel vous contacterez votre banquier en ligne. C'est vous qui le paierez ; en contrepartie vous aurez le droit de vous y asseoir même en dehors des horaires d'ouverture, ce qui est inenvisageable dans une agence bancaire.
Parlons des horaires d'ouverture, justement. Ceux-ci sont effectivement plus larges que ceux d'une agence. En même temps, ce n'est pas bien difficile... La mienne ferme à 17 h 30 pétantes. Soit bien avant que je ne sorte de mon propre bureau qui n'est pas, contrairement à ce que ma chère petite Mamie persiste à croire en dépit de mes dénégations, dans l'agence (désolée de vous ennuyer avec ce message d'ordre personnel ; d'ailleurs, tant que j'y suis : ET JE TRAVAILLE LE LUNDI !).
Alors mon agence peut bien avoir quatre murs et un toit, pour moi, cela ne change pas grand-chose, puisque je n'y mets quasi jamais les pieds (deux fois en dix ans, on ne peut pas dire que j'ai franchement rentabilisé le canapé en cuir...), et que je ne dialogue avec ma banquière que par mail interposé. Quand elle veut bien me répondre, s'entend (re-message perso, en même temps, c'est maintenant ou jamais).
Si je veux poser une question à ma banquière après 18 heures[31], je peux, bien sûr. Mais je n'aurai pas de réponse avant le lendemain. Vous

31. Oui, oui, vous lisez bien « 18h ». Pour ceux qui relèveraient une incohérence avec l'heure de fermeture de l'agence sachez que tous les employés d'une agence bancaire ne partent pas dès que celle-ci ferme ses portes aux clients. Il y a des gens dans l'agence avant ET après les horaires d'ouverture. Il y en a même qui arrivent après l'ouverture et repartent avant la fermeture, mais je ne donnerai aucun nom.

me direz que je peux toujours appeler le service client dont les horaires d'ouverture sont identiques à ceux d'une banque en ligne (8 h-22 h, c'est plus que raisonnable). Ce à quoi je vous répondrai que pas les prix. Ayant d'autre option que le téléphone pour joindre ma banque (à savoir, mes jambes), celle-ci estime que mes appels doivent être facturés (0,12 € par minute). Si c'est pour parler découvert, ça tombe mal.

Avec le compte et les services (de base) gratuits, la proposition des banques en ligne est effectivement alléchante... On peut difficilement proposer mieux, à part nous payer pour ouvrir un compte chez eux, mais là, c'est du domaine du rêve (on me signale dans l'oreillette que certaines le font ; c'est officiel, on rêve).

Cerise sur le gâteau, la banque en ligne n'ayant pas d'agence, elle se voit contrainte d'offrir des services plus pratiques à ses clients. Finie la course pour franchir la porte de l'agence avant sa fermeture pour récupérer votre chéquier sous peine de devoir payer des frais supplémentaires pour son envoi par la Poste. Finis aussi les frais pour retraits d'espèces à des distributeurs de marques ennemies... N'ayant ni agence, ni distributeur, elles ne peuvent décemment pas taxer leurs clients qui veulent juste retirer du liquide (leur liquide). Certaines banques en ligne vont jusqu'à vous offrir une carte bleue gold alors que ce n'est pas gratuit pour elles... C'est vous dire si l'entretien des agences doit représenter une part conséquente du budget dans une banque normale !

Maintenant, soyons réalistes : même réduits au maximum, une banque a des frais et à un moment ou à un autre, il faudra forcément payer pour quelque chose, ne serait-ce que pour rémunérer le fait de vous ouvrir un compte et de veiller à ce qu'il n'arrive rien à vos sous (genre braquage informatique). C'est là que l'examen des tarifs effectivement proposés devient intéressant. Nous ne nous comportons pas tous de la même manière avec nos sous. Certains d'entre nous les amassent, d'autres... enfin bref. Nous n'avons donc pas tous besoin des mêmes services.

Ni tous les mêmes revenus. C'est d'ailleurs pour cette raison que j'ai tendance à croire que si vous êtes le (la) plus à même de savoir si vous voulez être client(e) d'une banque en ligne, cela ne veut pas pour autant dire qu'elle voudra bien de vous. J'en veux pour preuve la grille tarifaire de l'une d'entre elles (disponible sur son site Internet), dont je tairai le nom mais qui doit être la plus connue de toutes.

Celle-ci indique très clairement que, non seulement je dois maintenir un solde créditeur (au-dessus de zéro) sur mon compte sous peine de frais – jusque-là rien de très original...
Mais que je m'engage en outre à alimenter ledit compte en ligne très régulièrement (minimum 2 250 euros tous les trimestres). S'il m'arrivait d'oublier, ou d'avoir un problème bassement matériel de trésorerie, cette banque me le ferait payer (au sens propre du terme, bien sûr).
J'invite les petits malins qui s'amuseraient à faire un virement de ce montant dans un sens puis dans l'autre à revoir leur stratégie qui ne pourra pas fonctionner éternellement. Ou à changer de banque.

Banques sociétaires : ma banque est-elle vraiment MA banque ?

Certaines choses sont clairement plus difficiles à vendre que d'autres. Après la tempête médiatique qui a ruiné notre réputation ces dernières années, certaines banques se sont manifestement laissées convaincre par leurs publicitaires qu'afficher une image de proximité et d'indépendance vis-à-vis des marchés serait une bonne idée. Depuis, un certain nombre de publicités tournent en boucle sur nos écrans pour nous vanter qui le fait que c'est l'argent de Machin qui a financé le restaurant de Truc (Truc ayant la grande chance d'habiter dans la même région que Machin), qui le fait que la société est indépendante, n'étant pas cotée en bourse.
Concernant la première allégation, je ne vais pas y aller par quatre chemins. Quelqu'un n'a manifestement pas bien compris le fonctionnement d'une banque qui ne prête pas à Truc l'argent de Machin. Si elle a effectivement besoin de l'argent de l'un pour faire un crédit à l'autre, le lien n'est pas aussi direct. Et ce sont les clients des banques situées dans les régions plus durement frappées par la crise qui vont être contents d'avoir une banque qui n'élargit pas son horizon... Une banque régionalisée n'a-t-elle donc que cela à avancer comme avantage concurrentiel ?
Concernant la seconde, je vais revenir sur un point de sémantique : une « action » désigne un petit bout de société ayant choisi la forme juridique appropriée (les Sociétés Anonymes et les Sociétés par Actions Simplifiées). Pour peu qu'une société choisisse une autre forme juridique, ces petits bouts peuvent être appelés... Parts. Sociales, dans le cas d'une société dite

« de personnes ». Quel que soit le nom donné, il s'agit d'un (petit parmi tant d'autres) bout de la société. En quoi cela changerait-il les choses ?
Argument 1 : la banque appartient à ses clients-sociétaires. Argument parfaitement valable dans la mesure où il est important pour vous d'être (co-)propriétaire de votre banque, et que vous n'avez pas pensé à acheter d'action de votre banque cotée en bourse. Parce que la banque qui appartient à ses clients n'appartient qu'à ceux qui ont bien voulu en acheter un bout (les autres restant des clients « normaux »). Être sociétaire, selon le rapport annuel disponible en ligne de l'une d'entre elles, permet d'être invité à l'Assemblée Générale, et de pouvoir voter. Rappelez-moi les avantages liés au fait d'être actionnaire ? Être invité à l'Assemblée Générale et pouvoir voter.
Argument 2 : n'étant pas cotée en bourse, la banque ne risque pas de se faire racheter. Alors ça, c'est le genre d'argument qui aurait fait super plaisir à feu-Lehman Brothers, qui, elle, aurait adoré qu'on la rachète en septembre 2008. Au passage, quelqu'un peut-il m'expliquer le lien entre « on ne peut pas nous racheter » et « c'est mieux » ? Pour qui ? Pour les clients (qui se feraient virer ?) ? Ou pour les dirigeants de ladite banque qui ne peuvent plus se faire renvoyer que par des ennemis déjà à l'intérieur de la forteresse ? Une société « victime » d'une OPA[32] voit traditionnellement le prix de son action monter. Cela pose rarement problème à ses (co-)propriétaires, fussent-ils actionnaires.
Mais passons... Au risque d'égratigner l'image fraternelle qui se dégage de la publicité sur l'air de « on est tous égaux, on a tous voix au chapitre », je vous confirme que vous n'avez qu'une voix. Peu importe le nombre de parts que vous détenez (tant que vous en avez au moins 1). Contrairement à l'actionnaire qui peut finir par faire entendre son opinion quand il détient une part suffisante du capital (parce que son poids dans le vote est suffisamment conséquent), l'investisseur qui serait tenté par la même opération dans une société constituée de parts sociales peut se brosser. Il peut bien détenir la moitié de la société, d'ici à ce qu'il arrive à faire entendre « sa » voix (au singulier) à la prochaine assemblée générale...
Argument 3 : les parts sociales n'étant pas cotées en bourse, elles ne subissent pas les aléas des marchés financiers. Il y a du vrai dans cet argument-là : la valeur de votre part n'augmentera jamais. C'est écrit noir sur blanc, dans le même rapport annuel que précité : les résultats sont affectés

32. Offre Publique d'Achat – une société cotée en bourse se fait racheter par une autre.

en totalité aux fonds propres (en français dans le texte : pas de dividende), ce qui renforce effectivement la solidité de la banque ; elles ne peuvent être remboursées qu'à hauteur de leur valeur nominale (au mieux, on vous rend ce que vous avez payé). Je dis « au mieux », parce que ne pas être cotée, et être à l'abri d'une OPA, n'a jamais protégé aucune société de faire faillite. Finalement, c'est comme une action dont le prix ne monterait jamais et qui ne verserait pas de dividende.
Je reconnais quand même que le fait de ne pas être coté en bourse permet effectivement aux dirigeants d'une société d'adopter une stratégie à plus long terme, ne serait-ce que parce qu'ils ne vivent pas sous la menace d'une sanction du marché en cas de mauvais chiffres trimestriels.
Argument 4 (quitte à charger la barque, autant citer carrément leur publicité) : (Homme 1) « Leur club vient d'être racheté. Ils vont se payer les meilleurs joueurs... D'ailleurs ils vont tout racheter. » Réponse du client-sociétaire : « Ah non ! Pas ma banque ! »
D'accord, deux choses : d'abord, puisque personne ne s'y colle : c'est qui « ils » ? Les envahisseurs ? Les autres ? Ou puisqu'on sort d'un stade de foot, les Qataris (dont personnellement j'envie plutôt la situation financière) ?
Ensuite, ils ont bien écouté la bande-son ? Le premier homme fait, tout seul, le lien entre « se faire racheter » et « se payer les meilleurs », et le second (un peu censé vanter les mérites de la société qui paie la publicité quand même) lui répond que... ça ne risque pas d'arriver à sa banque. Comment vous dire ? C'est vraiment ce message-là que vous aviez en tête quand vous avez signé ?
Alors non, ceci n'est pas un plaidoyer contre les banques régionalisées et/ou mutualistes. Plutôt contre le concept de publicité facile, qui surfe sur la vague du « tous mauvais sauf moi ».
Je vous le dis comme je le pense. Vous valez mieux que ça.

Les conseillers en patrimoine (pour ceux qui en ont, bien sûr)

Connaissez-vous :

1. L'étendue exacte de votre patrimoine actuel et à venir (y compris le montant de votre retraite) ?
2. Le montant de vos besoins dans les années à venir (études de Ribibi, prix de la maison de vos rêves, épargne pour votre retraite, ...) ?
3. La rentabilité des placements que vous devez faire pour atteindre vos objectifs ou réaliser vos rêves ? Savez-vous d'ailleurs seulement calculer une rentabilité ?
4. Les placements que vous pouvez faire ? Les produits que vous pouvez acheter ?
5. La meilleure façon de transmettre votre patrimoine à vos proches (ou comment les déshériter en toute légalité) ?

Maîtrisez-vous :

6. Les marchés financiers ?
7. Le droit ?
8. La fiscalité ?

Non ? Par-dessus le marché, avez-vous :

9. Pris le crédit que voulait bien vous octroyer votre banquier sans chercher ailleurs ?

10. Accepté des produits dont vous ne comprenez toujours pas comment vous avez pu y souscrire ?
11. Investi vos sous comme votre beau-frère qui appliquait les recommandations de son banquier ?!?

Oui, alors, sur ce dernier point, franchement, ce n'est pas possible ! Les conseils financiers, c'est comme les crèmes de beauté. Ce n'est pas parce que ça marche sur la copine que ça va marcher sur vous (vous n'avez ni la même peau ni la même vie – voire le même âge). Les conseils applicables à tout le monde existent, certes (ne pas investir dans un produit qu'on ne comprend pas, ne pas mentir quand on fait un crédit, etc.), mais sont rares. En fonction de votre situation patrimoniale, de votre âge, de celui de vos enfants..., les bons conseils sont fonction de tout, pour ainsi dire.
Si vous avez répondu « non » aux questions 1 à 8 et « oui » à au moins une des questions 9 à 11 (en général, ça va de pair), vous avez deux options : soit vous vous dépêchez d'acquérir toutes ces compétences pour vous les appliquer à vous-même, soit vous vous trouvez fissa un C.G.P., un Conseiller en Gestion de Patrimoine aussi appelé « Gestionnaire de fortune », quelle que soit la taille de celle-ci). Et ce ne sera pas moi. Le conseil en gestion de patrimoine est une profession réglementée. Personne n'a le droit de s'improviser C.G.P. en posant une plaque sur sa porte. Et je n'ai pas de porte.
Vous en trouverez dans votre banque. En général, quand vous avez assez d'argent chez eux, ils viennent tout seuls à vous. Vous n'avez pas à chercher bien loin.
Mais comme il n'est nul besoin d'être riche pour prendre ses précautions – c'est même d'autant plus judicieux quand on est un peu limite, vous pouvez aussi vous adresser à des « indépendants ».
Le gros souci avec les C.G.P. rattachés à des banques, c'est qu'ils ne vous proposeront jamais que les produits de leur enseigne. Ce n'est pas qu'ils ne veulent pas vous proposer ceux de leurs concurrents, c'est qu'ils ne peuvent pas. Le meilleur professionnel de la Banque Rouge et Noire ne vous vendra jamais un produit de la Banque Verte (et réciproquement), quand bien même celui-ci serait plus adapté à votre situation.
C'est un souci moins important avec les C.G.P.I., les Conseillers en Gestion de Patrimoine Indépendants, qui pourront vous parler de « tous » les produits disponibles sur le marché qui seraient pertinents pour vous (ce qui inclut les produits non vendus en banque). Attention cependant à ne pas

leur coller sur la tête une auréole un peu trop vite. Ils perçoivent souvent une commission sur les produits auxquels ils vous font souscrire. Selon le pourcentage de rétrocession accordé par l'établissement, l'être humain étant ce qu'il est (faible), le conseiller indépendant peut ne pas l'être tant que ça... Évidemment, contrairement à votre banque qui vous présentera son conseiller comme une faveur et ne vous fera pas payer stricto sensu ledit conseil (elle se rémunère sur les produits qu'elle arrive à vous refourguer), le conseiller indépendant doit être payé, en plus. Dans la vie, il y a des miracles, mais il n'y a pas de mystère...

À vous de voir quel mode de rémunération vous négociez avec le vôtre : montant fixe tous les ans pour un nombre d'heures de travail ? Ou montant variable en fonction de ce que vous lui demandez de gérer à votre place ? Ce sera souvent un mélange des deux. Ce « détail » doit toujours être clairement précisé par votre conseiller, qui doit également vous informer de toute rétrocession qu'il pourrait percevoir de la part d'un établissement financier.

Les gens font souvent l'amalgame entre les C.G.P.I. et les C.I.F., les Conseillers en Investissements Financiers. Il ne s'agit pourtant pas exactement de la même chose. Le conseil en investissements financiers n'est qu'un pan de l'activité des C.G.P.I. qui peuvent aussi, s'ils ont fait les démarches en ce sens, offrir des services de courtage en assurance, d'agent immobilier ou de démarchage bancaire et financier. Chacune de ces activités étant réglementée, le C.G.P.I. devra s'enregistrer pour obtenir le droit de l'exercer. En fonction de vos besoins, à vous de voir l'interlocuteur qui vous semble le plus pertinent. Si vous n'attendez rien d'autre que des conseils sur les produits financiers, vous pouvez vous contentez d'un C.I.F. ; mais si votre patrimoine est plus diversifié ou vos préoccupations plus larges (succession ? bien immobilier ?), il peut être judicieux de s'adresser à un C.G.P.I. Maintenant, si vous êtes de ceux qui « verront bien le moment venu », payer un C.G.P.I. (ou un C.I.F. d'ailleurs) pour planifier est totalement contraire à votre philosophie et inutile.

Notez que :

C.G.P. : Conseiller en Gestion de Patrimoine

C.G.P.I. : Conseiller en Gestion de Patrimoine Indépendant

C.I.F. : Conseiller en Investissements Financiers

UN PEU D'ÉTHIQUE

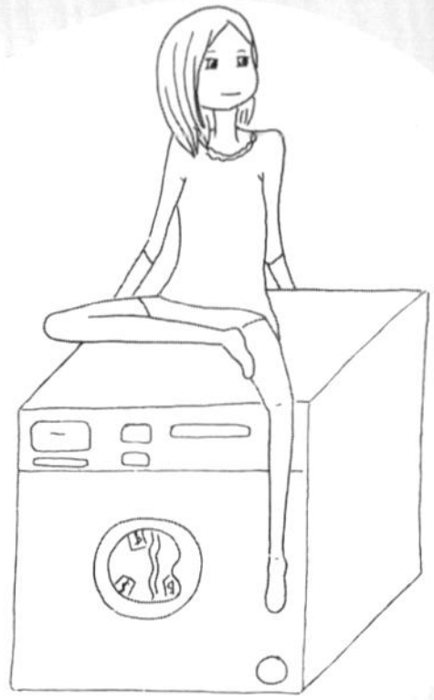

Le Blanchiment – Monnaie blanc...

Pour inaugurer cette dernière partie dédiée à l'éthique, qui contrairement à ce que vous pouvez croire, est un aspect fondamental du monde financier, je vais commencer avec un thème dont vous avez forcément déjà entendu parler : le blanchiment d'argent, basé sur le concept que l'argent « sale » peut devenir « propre » après lavage.
Alors certes, culturellement, dans notre beau pays, l'argent est toujours considéré comme sale quelle que soit sa provenance. Nous détestons parler de celui que nous avons, et adorons jalouser ceux qui en ont plus que nous. Ceci dit, si nous savions entre combien de mains non lavées passent nos billets (ce que j'ignore moi-même bien sûr), il y a fort à parier pour que cette idée se vérifie.
Il n'en reste pas moins qu'il existe une différence fondamentale entre l'argent dit « sale » et l'argent « propre ». Le premier circule dans les milieux peu recommandables et illégaux des trafics de la drogue, du commerce du sexe, de l'armement et que sais-je encore... ? Notez que c'est la notion de trafic qui est importante et non pas tant celle de l'activité concernée.
La vente d'armes par des mercenaires à des groupuscules terroristes est illégale et génère de l'argent sale. La vente officielle d'armes par le gouvernement n'est pas un trafic, c'est une opération dont chacun peut juger de la moralité, mais qui est parfaitement légale.

A contrario, le commerce de la drogue est, dans notre pays, toujours illégal. L'argent gagné par ceux qui exercent cette activité est donc toujours de l'argent sale.

Pour nettoyer son argent, il n'est pas nécessaire de le passer en machine. Vous pouvez essayer avec vos billets, mais ce serait stupide puisqu'ils en ressortiraient vaguement déchirés, et parfaitement inutile puisqu'à l'instant T où de l'argent arrive entre vos mains innocentes, il devient propre (dans la mesure où vous êtes un honnête citoyen). Et ce serait encore plus bête d'essayer avec vos pièces, qui bloqueraient le tambour de votre machine.

En réalité, il est extrêmement simple de blanchir des petites sommes d'argent. Votre dealer de coke local peut sans crainte refiler les billets de son trafic à son épicier. Comme rien ne ressemble plus à un billet qu'un autre billet, l'épicier le prendra sans moufter. Au moment précis où la liasse atterrira dans le tiroir-caisse du brave et honnête homme, l'argent sera, pif paf pouf !, blanchi.

Le problème se complique pour les grosses sommes. À moins de tomber sur un vendeur lui-même peu scrupuleux, il sera difficile pour notre escroc d'acheter une maison ou une voiture en liquide (escroc ou pas, il a lui aussi envie d'avoir un toit sur la tête et des roues pour le promener). Il doit donc se débrouiller pour que tous ses billets amassés dans l'ombre de son commerce noir se retrouvent bien sagement alignés sous forme de zéros (idéalement précédés d'un autre chiffre) sur son compte en banque. Et, bien évidemment, la valise pleine de billets déposée sur le guichet par un mec avec des lunettes noires n'est pas (plus) une option. Les règles se sont considérablement renforcées : de l'argent est encore blanchi à nos comptoirs, mais plus à ceux qui sont dans les agences. Les banques, ici, font d'autant plus attention à l'origine de l'argent que leur responsabilité peut être mise en cause en cas de blanchiment avéré. Elles surveillent attentivement les mouvements sur votre compte : si cela fait 10 ans que les seules entrées proviennent de votre salaire, de deux trois chèques autour de Noël et de votre anniversaire, voire de mini-virements aux soldes improbables (15,62 euros) tous intitulés « remboursement Machin », votre compte est d'un ennui mortel et ressemble à celui de milliers d'autres clients sans histoire. Jusqu'au jour où vous vous mettez à déposer 50 ou 60 euros tous les deux jours. Ce n'est pas grand-chose, mais ce n'est pas habituel pour vous. Votre banquier, qui fait comme toujours admirablement bien son travail, finira par s'interroger, puis par vous interroger (puisque vous avez *a priori* des raisons tout à fait valables à lui fournir). S'il se pose des questions à votre sujet mais ne vous en parle pas, ce n'est pas parce qu'il s'en fout, c'est parce qu'il penche carrément pour l'hypothèse la moins favorable et a préféré vous signaler à la justice (ce dont, évidemment, il ne doit pas vous tenir informé pour ne pas gâcher l'effet de surprise lorsque les forces de l'ordre viendront vous cueillir au saut du lit).

La meilleure façon pour un blanchisseur d'argent de faire entrer son pécule dans le système propre et officiel est donc de ne pas alerter l'attention de son banquier. Vous allez me dire que s'il a toujours fait son petit trafic et s'est toujours servi de son compte pour blanchir ses 50 euros régulièrement, son compte ne manifestera rien de particulier et le banquier se fera berner. Vrai si le compte existe depuis des années et le banquier pas. Mais c'est une mauvaise manœuvre d'ouvrir un compte pour s'en servir ainsi dès le début car le banquier d'aujourd'hui ne vous ouvre plus de compte sans savoir d'où vient l'argent qui va circuler dessus (pas fou).

Non, ce qui n'est vraiment pas louche, et tout à fait compréhensible, c'est qu'un client ayant des moyens importants ait des comptes dans plusieurs pays (pays d'origine ou simplement pays dans lequel il a pu vivre). Ces comptes étant à son nom, un virement sur son compte dans une banque française n'est pas anormal, après tout ce brave homme fait ce qu'il veut de son argent. Maintenant, si les virements qu'il se fait proviennent systématiquement d'un pays connu pour son laxisme en la matière, habituels ou pas, le monsieur va être signalé à Tracfin, la cellule française en charge notamment de la lutte contre le blanchiment. Faut pas prendre Bibi pour une truffe non plus...

Ceux qui arrivent encore à duper le système font en général entrer leur argent sale par une banque peu recommandable, en commençant dans un pays où ce genre de choses se fait plus facilement (le boss de la banque est un copain du beau-frère de l'escroc), qui envoie l'argent à une autre, puis encore à une autre, idéalement en passant par des comptes non nominatifs à un moment et en divisant les trop gros paquets en plus petits de différentes tailles selon les jours pour que les montants n'aient pas toujours la même tête (ce serait trop facile pour notre police dédiée s'ils devaient reconstituer le parcours d'un montant suspect de 1 352 798,54 euros qui serait passé tel quel de compte en compte...).

Il va sans dire que je n'aborde ce sujet qu'à titre d'information et non de suggestion. Cette activité est strictement interdite par la loi et est profondément immorale.

... Et blanc monnaie – le Noircissement

Vous avez forcément déjà remarqué que certaines choses vont toujours dans le même sens. Une piste de ski, par exemple, se dévale toujours de haut en bas ; on peut la remonter péniblement dans l'autre sens, mais on ne la dévale jamais de bas en haut. D'autres vont souvent dans le même sens, mais peuvent parfois s'inverser. C'est un peu toujours vous qui vous collez aux fourneaux pour préparer la purée-saucisses des gamins mais il arrive que, dans ses soirs de grande bonté et afin de s'auto-convaincre qu'il est un homme moderne, Chéri retourne la cuisine – officiellement pour faire un gâteau.

Pour l'argent, c'est pareil. Quand il est sale, on essaie de le transformer en argent propre, mais il arrive aussi que des méchants s'amusent à lui faire prendre le chemin inverse. Avec la logique implacable dont ils savent faire preuve, les inventeurs de mots ont appelé ce phénomène le « noircissement ». Étrangement, le terme n'a pas l'air de connaître le même succès que son frère aîné.

Tout aussi illégal que lui, le noircissement décrit donc le processus exactement inverse du blanchiment. L'argent « honnête » disparaît dans les tréfonds de l'économie des truands. Quand vous vous achetez votre dose de coke hebdomadaire, vous utilisez l'argent que votre patron vous a versé très honnêtement pour vos bons et loyaux services le mois dernier (argent propre) pour le dépenser dans un trafic illégal (argent sale).

S'il arrive qu'on soit complice de blanchiment contre son gré (comme notre pauvre épicier du chapitre précédent), on est rarement blanc-blanc dans une affaire de noircissement, sans jeu de mots. Vous savez *a priori* que ce que vous achetez n'est pas hyperlégal... mais c'est possible. Il arrive qu'on soit complice de noircissement alors que, précisément, on voulait jouer au bon samaritain. Les réseaux terroristes (activité illégale par définition donc fonctionnant grâce à de l'argent sale) ont longtemps utilisé des ressources généreusement offertes par des personnes qui, en toute bonne foi, pensaient faire une bonne action auprès d'une organisation pseudo-humanitaire[33]. Ce n'est bien sûr pas leur seule ressource et de généreux donateurs ont, en toute conscience, aussi contribué à leur fonctionnement.

Compte tenu du fait que les méchants sont quand même moins regardants que les honnêtes banquiers sur la provenance des fonds, vous pouvez allègrement noircir vos petites sommes d'argent auprès de vos receleurs préférés. Vous ne vous droguez pas ? Qu'à cela ne tienne ! Rien ne vous empêche, si ce n'est la loi, de vous procurer une imitation de sac à main d'une très grande marque très chère lors de votre prochaine voyage. La contrefaçon étant une activité illégale, acheter l'un de ces produits vous permettra de noircir votre argent avec style. Au passage, et au cas où vous n'auriez pas réfléchi à ce sujet, sachez tout de même que les adultes et les enfants exploités dans ces ateliers clandestins le sont rarement dans un environnement de travail digne de ce nom.

Donc, le noircissement de petites sommes d'argent est *a priori* plus facile à réaliser que le blanchiment. Votre banquier est peu armé face à vos retraits réguliers de 50 euros puisqu'il ne peut savoir si vous allez vous acheter une dose ou si vous avez décidé de vous offrir des séances d'UV toutes les semaines. Mais ce n'est pas si facile que ça ! Tracfin, la cellule qui lutte contre le blanchiment, s'intéresse aussi grandement à tous ceux qui voudraient « financer le terrorisme ». Et elle n'aime pas du tout ça. S'il vous prenait l'envie de faire un virement vers un pays louche, soyez tranquille, leurs gars seront mis au courant. Vous pouvez avoir une excellente raison de le faire, et vous serez alors dans votre droit le plus total. Si je peux me permettre un conseil cependant, soyez sûr de votre coup. La nuance entre responsable et coupable est ténue...

---

33. Ces organisations sont l'exception qui confirme la règle. La plupart des organisations sont vraiment humanitaires et votre aide pécuniaire leur est précieuse. Donnez !

« Small is beautiful » : la microfinance

Le microcrédit, comme son nom l'indique, est un crédit portant sur de toutes, toutes, petites sommes, pour des emprunteurs appartenant aux catégories les plus pauvres de l'humanité. En général, des femmes (tiens ! tiens ! comme c'est étrange...) dans des pays moins favorisés. On aime à imaginer ces crédits comme le coup de pouce permettant aux pauvres d'entre les pauvres de créer leur petite entreprise – et cela est parfois vrai, mais réducteur. Ces crédits servent à cela, mais également à gérer un décalage de trésorerie ou un coup dur. Comme « chez nous » ! D'ailleurs, tant qu'on y est, le microcrédit est à la microfinance ce que le crédit est à la finance dans nos économies : un pan d'un domaine large et varié incluant l'ensemble des activités financières : micro-assurance, microbanque... Comme on imagine que les pauvres ont plus besoin d'emprunter de l'argent que d'en placer, le raccourci est tentant, mais grossier.

Ceci étant dit, revenons au microcrédit, rendu célèbre par Muhammad Yunus, fondateur de la fameuse Grameen Bank (Bangladesh). Il s'agit bien de prêter de l'argent ici, pas d'en donner, ce qui est très bien et très charitable, mais répond à une logique totalement différente. Et qui dit « prêt », dit « remboursement » et « intérêts ».

Les intérêts justement... Nombre de gens sont étonnés – choqués – quand ils découvrent les taux appliqués à ces prêts, taux qu'eux-mêmes n'accepteraient probablement que le couteau sous la gorge. Très variables selon les organismes et les pays (mais des taux de 15 à 60 % n'ont rien d'exceptionnel), ces taux seraient considérés comme usuriers sous nos latitudes. Avant de bondir et de crier au scandale, prenez bien en compte le fait qu'il s'agit, comme toujours, de taux « nominaux » et non pas de taux « réels ». Si la différence n'est pas flagrante pour nous vu l'inflation maigrichonne que nous connaissons depuis quelque temps, elle est autrement plus importante dans bon nombre des pays concernés par le microcrédit... et réduit d'autant les « vrais » taux pratiqués, qui n'en restent pas moins fort élevés.

Nous sommes d'accord, même si l'idée n'est pas de faire un don pur et simple, il ne s'agit quand même pas de profiter de la misère d'autrui. Malheureusement, je suis au regret de devoir vous dire que les organismes qui sont dans la fourchette basse ne sont tout simplement pas rentables. Sans subvention et autre aide, ils seraient contraints d'abandonner leur mission. Ce qu'ils gagnent sur les prêts qu'ils octroient ne suffit pas à amortir leurs coûts de fonctionnement, car ceux-ci sont autrement plus élevés que ceux de « nos » banques.

Quand vous demandez un crédit, en supposant que vous êtes un particulier normal qui se situe dans le ventre mou des gens qui peuvent espérer en obtenir un mais que les banquiers ne draguent pas outre mesure, c'est en général vous qui allez voir votre banquier, dans son agence. Ensuite, une fois que vos petites affaires sont réglées, tout va se passer à distance. Le prélèvement sur votre compte sera automatique, et tant qu'il reçoit son argent, votre banquier devrait vous ficher une paix royale.

Inutile de se voiler la face : ces micro-emprunteurs n'ont pas de compte, ce qui est un véritable obstacle au prélèvement automatique, et bien souvent pas non plus de véritable culture financière. Au contraire de vous qui, bien que vous soyez persuadé du contraire, possédez tout de même les notions de base (un crédit doit être remboursé). Il est donc souvent judicieux d'encadrer ces micro-emprunteurs très régulièrement, ce que font ces microbanquiers qui leur rendent visite toutes les semaines, pour se faire rembourser, et pour suivre l'avancement des projets ainsi financés. Ça prend du temps, et ça coûte de l'argent. Bien plus que ne rapporteraient 3 % sur un crédit de 10 ou 100 euros (le crédit est accordé en monnaie locale, bien sûr).

Pour clore le sujet infamant des taux d'intérêts, le pire est que ceux-ci sont de toute façon plus bas que ceux auxquels ces micro-emprunteurs auraient accès auprès leur usurier local.

Se pose également la question du « remboursement ». Et donc, implicitement, de la garantie – le « collatéral » en termes financiers. Après tout, on vous en demande bien un à vous qui êtes *a priori,* et sur le papier, un emprunteur moins risqué qu'eux. Sauf que, disons-le franchement, ils n'en ont jamais, et pour cause... S'ils en avaient un, ils ne seraient pas pauvres (pas autant), et n'utiliseraient pas les services de ces organismes. Alors comment faire pour éviter le phénomène du « crédit-baskets » (qui repose sur le même principe que le « resto-baskets » : tu manges et tu cours et, non, entre les deux, tu ne paies pas) et les inciter à rembourser ? Ce qui n'est jamais que la véritable fonction d'une garantie d'ailleurs. Votre banquier ne vous demande pas de gager votre maison dans l'espoir de la récupérer et de la vendre si vous veniez à faire défaut. Il le fera s'il n'a pas d'autre choix, mais vu qu'il est banquier, et pas agent immobilier, ça le gonfle vraiment d'avoir à faire ça. Non, votre banquier vous demande de gager votre maison et de mettre un minimum d'argent sur la table (l'apport personnel) parce qu'il sait qu'ainsi vous ferez tout ce que vous pourrez pour rembourser ce que vous lui devez. Il pourrait tout aussi bien vous mettre une épée au-dessus de la tête que ça ferait le même effet... mais ce n'est malheureusement plus légal. Notez au passage qu'un certain nombre de « subprimes » américains ont vite jeté l'éponge précisément parce qu'ils n'avaient pas d'apport personnel : ils n'avaient pas investi un centime à eux dans leurs maisons. Cela voudrait-il dire qu'une personne sans ressource se fichera de rembourser son crédit ? Pas du tout.
Prenez Charles Ingalls, tiens ! Il n'avait pas grand-chose (je ne suis même pas sûre que la carriole était à lui), mais il avait son honneur (à en croire ce qu'en dit sa fille dans *La Petite Maison dans la Prairie*). Et il serait littéralement mort de honte s'il avait dû faire faux bond au banquier, qui devait être télégraphe ou médecin en même temps, je ne sais plus. Encore plus si, par sa faute, n'ayant pas remboursé son microcrédit pour acheter une hache neuve, cela avait empêché d'autres personnes dans le village de bénéficier de prêts. Quel rapport ? C'est là que le système est ingénieux. Si tous les organismes ne procèdent pas de la même façon, une tendance au crédit groupé se dégage. Soit que tous les emprunteurs du village sont solidaires entre eux (ils sont tous responsables de ce que le boulanger ne rembourse pas, même si eux n'ont rien à se « reprocher »), soit que le microbanquier n'accorde de crédits qu'au fur et à mesure que les précédents sont remboursés (le boucher n'aura droit

à son microcrédit que si le boulanger a bien remboursé le sien...)... La pression exercée par les membres du village sur celui qui s'est engagé est terriblement forte. Et diablement efficace. Parce qu'autant vous dire que si le microbanquier ne sait pas (ne peut pas savoir) si son emprunteur est un gars sérieux et fiable (sans historique bancaire, c'est difficile de se faire une opinion qui ne reposerait pas uniquement sur la tête du client), les autres villageois en ont une vague idée et ne se précipiteront pas pour être solidaires du fou du village.
Le fait est que cela fonctionne plutôt bien. Alors soyez généreux, prêtez !

AVANT DE NOUS QUITTER...

Cette étrange relation que vous avez avec votre banquier

Il faut que je vous avoue quelque chose. Vous n'en avez probablement pas conscience mais j'ai mené un combat exemplaire (contre moi-même) au fil de ces pages. Ici, j'abdique. Je ne résiste plus à l'envie de vous parler de vous, et de cette étrange relation que vous avez avec votre banquier. C'est assez rare d'autant estimer (craindre ?) et mépriser une personne en même temps. Oh, bien sûr, ce n'est pas toujours votre banquier *in personam* que vous vilipendez mais plutôt l'institution et ses travers... Votre banquier, lui, est quelqu'un de fort sympathique et vous l'appréciez... C'est ce que disait ma regrettée grand-mère. Elle aimait beaucoup sa banquière, qui devait bien le lui rendre vu ce qu'elle lui rapportait.

Pourquoi est-ce que je vous parle de ma grand-mère ? Parce qu'après son décès, il a bien fallu s'occuper de ses papiers. Étant la plus « qualifiée » dans ma famille à ce sujet, j'ai tout naturellement hérité (le mot est peut-être mal choisi ici) de l'état des lieux de ses comptes. Quelle n'a pas été ma surprise, et encore le mot est faible, de découvrir les produits auxquels elle avait souscrits. Ou plutôt, devrais-je dire, qu'on lui avait refourgués. Alors qu'elle était âgée de 89 ans à sa mort, ma grand-mère avait accepté que sa chère banquière lui ouvre un PEL cinq ans auparavant... Pour celles et ceux qui auraient sauté le chapitre consacré à ce sujet, le PEL est un produit dont la vocation première est de faciliter l'accès à un crédit immobilier... des fois que vous voudriez vous acheter votre maison quelques années après son ouverture. En d'autres termes, à 84 ans, ma grand-mère a accepté un placement dont le principal atout était de l'aider à devenir propriétaire lorsqu'elle aurait entre 89 et 94 ans. Une aubaine ! Alors certes, ma grand-mère avait à l'époque bon pied bon œil et nous espérions tous qu'elle serait encore parmi nous à cet âge. Soit sa banquière l'aimait tellement qu'elle espérait conjurer le mauvais sort (oubliant au passage que l'espérance de vie en France tournait alors autour de 84 ans, et encore, pour les femmes qui naissaient cette année-là), soit elle lui a vendu un produit qui ne lui convenait pas.

La question, puisqu'il faut se la poser, c'est : pourquoi ?

Je reconnais que je ne suis pas la personne la plus objective pour y répondre, puisque j'aimais beaucoup ma grand-mère, mais je vais malgré tout essayer. Je ne vois que deux possibilités et je vous préviens d'avance, aucune n'est valorisante pour la banquière. La moins pire (mais la plus inquiétante), est qu'elle était de bonne foi, mais incompétente. Elle ne savait pas ce qu'était un PEL. L'intention était bonne, mais je ne lui confierais pas mon argent !

La seconde possibilité est qu'elle savait très bien ce qu'elle faisait, mais qu'elle se moquait éperdument de conseiller efficacement (ou pas) sa cliente parce que cela allait lui rapporter quelque chose. Un nombre non négligeable d'établissements bancaires organisent des mini-compétitions au sein même de leurs équipes pour inciter les commerciaux à vendre les produits. La compétition peut être basée sur la « rentabilité » d'un client au sens large (combien est-ce qu'il rapporte sur l'année) ou orientée « produits » (la « semaine du compte épargne », par exemple). Le commercial qui aura réussi à vendre le plus de comptes épargne à ses clients remportera le concours, et la prime qui va avec. Il faut croire que ce devait être la semaine du PEL à ce moment-là, et j'espère qu'elle a perdu. Bien que sûrement plus compétente que dans la première hypothèse, je ne lui confierais pas mon argent non plus...

Nous avons tous vu fleurir des publicités pour des banques qui se vantaient de n'avoir pas mis ce système en place et je reconnais que, sans en nommer aucune (je ne suis ni cliente ni actionnaire d'aucune d'entre elles), j'applaudis la mesure. Et m'interroge sur le niveau de rémunération de leurs banquiers, qui peuvent se lasser de voir leurs confrères gagner plus qu'eux.

Une dernière question reste en suspens : pourquoi ma grand-mère, qui n'était ni stupide, ni sénile, a-t-elle accepté ce produit ? Tout simplement parce que, comme la majorité d'entre vous, elle entretenait cette étrange relation avec sa banquière. Entre l'humilité d'être face à un expert de ce domaine si vaste et si compliqué qu'est la finance, et l'orgueil déplacé qui fait qu'on se retient de poser des questions quand on ne comprend pas, elle a préféré faire semblant d'être d'accord avec elle.

Les conséquences n'ont pas été dramatiques. Elle n'a pas eu besoin des économies qu'elle avait sur son PEL. Il n'empêche que ce type de comportement me fait sortir de mes gonds. Si je n'avais pas réussi à vous convaincre avant, j'espère que ces dernières lignes vous persuaderont de l'importance de poser toutes les questions que vous pouvez avoir. Il n'y a rien de honteux à ce que vous ne connaissiez pas tous les produits financiers[34]. Vous savez certainement des tas de choses que les autres ignorent, à commencer par votre banquier. Chacun son métier.

Il s'agit de votre argent.

34. Par contre, c'est quand même un peu limite si vous êtes banquier...

L'auteur

Sous sa véritable identité, **Louise Parde** a travaillé plus de 10 ans dans la finance – en banque et en société de gestion, essentiellement en tant qu'analyste. Elle trouve que la finance, c'est parfois sympa, et parfois pas. Que c'est un domaine où on trouve des gens bien et des gens pas bien (et tient à faire savoir qu'elle fait partie des premiers). Par-dessus tout, elle pense que l'argent est un sujet qui concerne tout le monde et qu'on doit pouvoir en parler avec les mots de tout le monde.
Tant pis pour le pseudo-complexe de supériorité des financiers, l'auteur s'arrangera directement avec eux.

Conception et réalisation de l'intérieur : Patrick Leleux PAO
Couverture : modzilla !

ISBN : 978-2-7114-2419-1
Dépôt légal : septembre 2016
Imprimé en Espagne par Graphycems.